Azeite de Oliva

Brígida Jimenez   Marcelo Scofano

azeite de oliva

ANCESTRALIDADE E NOVO ALIMENTO

Editora Senac Rio – Rio de Janeiro – 2023

Azeite de oliva: ancestralidade e novo alimento © Brígida Jimenez e Marcelo Scofano, 2023.

Direitos desta edição reservados ao Serviço Nacional de Aprendizagem Comercial – Administração Regional do Rio de Janeiro.

Vedada, nos termos da lei, a reprodução total ou parcial deste livro

Senac RJ

Presidente do Conselho Regional
Antonio Florencio de Queiroz Junior

Diretor Regional
Sergio Arthur Ribeiro da Silva

Diretor de Operações Compartilhadas
Pedro Paulo Vieira de Mello Teixeira

Assessor de Inovação e Produtos
Claudio Tangari

Editora Senac Rio
Rua Pompeu Loureiro, 45/11º andar
Copacabana – Rio de Janeiro
CEP: 22061-000 – RJ
comercial.editora@rj.senac.br
editora@rj.senac.br
www.rj.senac.br/editora

Gerente/Publisher
Daniele Paraiso

Coordenação editorial
Cláudia Amorim

Prospecção
Manuela Soares

Coordenação administrativa
Alessandra Almeida

Coordenação comercial
Alexandre Martins

Preparação de texto/copidesque/revisão de texto
Andréa Regina Almeida

Projeto gráfico de capa e miolo/diagramação
Priscila Barboza

Fotografia (receitas)
Frederico de Souza

Impressão
Imos Gráfica e Editora Ltda.

1ª edição: agosto de 2023

CIP-BRASIL. CATALOGAÇÃO NA PUBLICAÇÃO
SINDICATO NACIONAL DOS EDITORES DE LIVROS, RJ

S435a

Scofano, Marcelo
    Azeite de oliva : ancestralidade e novo alimento / Marcelo Scofano, Brígida Jimenez. - 1. ed. - Rio de Janeiro : Ed. SENAC Rio, 2023.
    200 p. ; 23 cm.

    ISBN 978-85-7756-490-3

    1. Azeite - História. 2. Azeite - Qualidade. I. Jimenez, Brígida. II. Título.

23-85034   CDD: 641.3463
                                  CDU: 665.327.3

Gabriela Faray Ferreira Lopes - Bibliotecária - CRB-7/6643

Imagens de uso contratualmente licenciado constantes deste livro pertencem à Shutterstock e são aqui utilizadas para fins meramente ilustrativos. As imagens das págs. 23, 44, 47, 69, 70, 72, 73, 74, 79, 85, 86, 88, 90, 93, 94, 96 e 98 são do acervo dos autores. A imagem da pág. 44 foi retirada do site da Epamig. A imagem de capa pertence à Freepik.

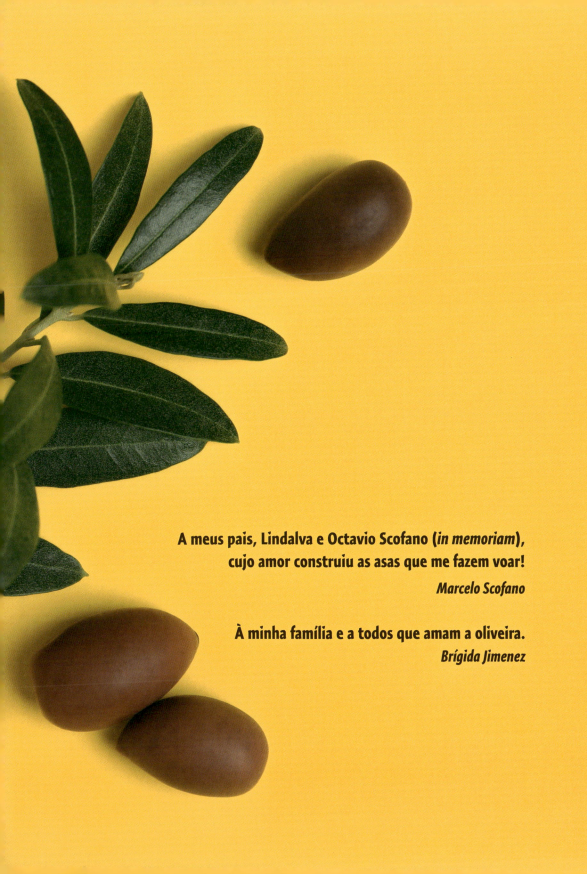

A meus pais, Lindalva e Octavio Scofano (*in memoriam*),
cujo amor construiu as asas que me fazem voar!
Marcelo Scofano

À minha família e a todos que amam a oliveira.
Brígida Jimenez

[SUMÁRIO]

PREFÁCIO   9
AGRADECIMENTOS   11
APRESENTAÇÃO   13
INTRODUÇÃO   15

CAPÍTULO 1 – ORIGEM   18

19 Mito e sacralidade na bacia do Mediterrâneo
21 Egípcios
21 Hebreus
24 Romanos
26 Muçulmanos
27 Comprovações arqueológicas
29 Do Mediterrâneo às Américas
37 Chegada ao Brasil
45 Relato que se mistura com a história
58 Produções mundial e brasileira
58 Sul
60 Sudeste

CAPÍTULO 2 – FATORES QUE INFLUENCIAM NA QUALIDADE DOS AZEITES DE OLIVA VIRGENS   64

65 Fatores agronômicos
65 Azeitona
66 Maturação das azeitonas

68 Fatores intrínsecos
68 Meio agroecológico
68 Variedade
71 Fatores extrínsecos
71 Técnicas culturais
71 Irrigação
72 Controle de pragas e de enfermidades
74 Novas práticas culturais
76 Colheita
80 Transporte
80 Fatores industriais
81 Recepção, limpeza e armazenamento

83 Preparação da massa
83 Moagem
86 Batido
89 Separação de fases sólida-líquida
89 Prensagem
90 Centrifugação
92 Peneiragem
92 Separação de fases líquidas
92 Decantação
94 Centrifugação
95 Filtração
97 Armazenamento do azeite
98 Envase

CAPÍTULO 3 – PARÂMETROS DE QUALIDADE DO AZEITE DE OLIVA VIRGEM 102

103 **Qualidade regulatória**
103 Parâmetros químicos
108 Avaliação organoléptica
109 Atributos positivos
109 Atributos negativos
110 Terminologia opcional para rotulagem
111 Procedimento de valoração organoléptica e classificação
113 **Classificação dos azeites de oliva**
113 Azeites de oliva virgens
114 Azeite de oliva extravirgem
114 Azeite de oliva virgem
114 Azeite de oliva lampante
114 Azeites de oliva não virgens
114 Azeite de oliva refinado
114 Azeite de oliva
114 Óleo de bagaço de azeitona cru
115 Óleo de bagaço de azeitona refinado
115 Óleo de bagaço de oliva
115 **Características dos azeites de oliva**

CAPÍTULO 4 – AZEITE DE OLIVA: COMPOSIÇÃO E SAÚDE 118

119 **Composição química do azeite de oliva e suas funções**
120 Ácidos graxos
121 Triglicerídeos
122 Hidratos de carbono
123 Esteróis
123 Álcoois triterpênicos e ácidos hidroxi-triterpênicos
124 Tocoferóis
124 Fosfolipídeos

125 Pigmentos
125 Clorofilas e feofitinas
126 Carotenoides
126 Compostos aromáticos
127 Compostos fenólicos
129 **Efeitos do azeite de oliva virgem na saúde**
129 Ácidos graxos
130 Hidratos de carbono
130 Esteróis
130 Álcoois triterpênicos e ácidos hidroxi-triterpênicos
131 Tocoferóis
131 Clorofilas
131 Compostos fenólicos
131 Hidroxitirosol
133 Apigenina e luteolina
133 Oleuropeína
133 Ácidos fenólicos

CAPÍTULO 5 – COZINHANDO COM AZEITE DE OLIVA 134

RECEITAS DOS CHEFS 141

145 O azeitólogo
146 Carpaccio de palmito pupunha com edamame, castanha-da-amazônia, cumaru e azeite extravirgem
147 Vinagrete de polvo
149 Creme de agrião, nuvem de burrata e pão torricado
151 Biscoito azeitado
153 Cuscuz amazônico
155 Focaccia slow
159 Tartare de atum oriental com lentilha beluga
161 Escabeche de carne
163 Tiraditos de atum
165 Tartare de carne de sol
167 Maria Izabel com banana frita em azeite
169 Bolo de azeite e café
171 Brandade brasileira de bacalhau
173 Bombom de azeite
175 Polpette da família
177 Doce de abóbora delicioso
179 Sorvete de goiaba com chantili de queijo e azeite de manjericão
181 Brownie azeitado

REFERÊNCIAS 185

[PREFÁCIO]

Marcelo Scofano e eu temos a dra. Brígida Jimenez como nossa mestra. Não apenas pelos profundos conhecimentos por ela generosamente compartilhados conosco mas também por ser a pessoa que nos inspira, nos orienta, nos motiva e carinhosamente, como uma *madre* espanhola, se faz presente em nossa vida profissional e pessoal. A dra. Brígida foi quem nos apresentou em 2012, quando Scofano e eu fomos à Espanha estudar azeites no Instituto de Pesquisa Agrícola da Andaluzia, o Ifapa da cidade de Cabra, um dos mais importantes centros de estudos sobre oliveira de todo o Mediterrâneo, do qual a dra. Brígida é diretora desde 1989. De lá para cá, compartilhamos a nossa paixão em comum pelo ouro líquido e criamos laços de uma fraterna e azeitada amizade.

Nesses anos de convivência e alguns trabalhos juntos, aprendi com a Brígida e com o Scofano que azeitar é uma missão. Esta obra, escrita a quatro mãos, retrata um pouco da missão desses dois profissionais que admiro muito e que se dedicam às pesquisas científicas e à divulgação da cultura do azeite de oliva.

O livro *Azeite de oliva: ancestralidade e novo alimento* reúne, com expertise científica, informações que contribuirão para rever alguns mitos, conhecer melhor os valores nutricional e medicinal desse ancestral alimento e o que ele pode proporcionar para a saúde, a longevidade e para tratamentos terapêuticos e de beleza. Com escrita didática, os autores apresentam dados históricos e pesquisas que faz você refletir sobre os últimos avanços na ciência e na tecnologia que transformaram o processo de produção do azeite extravirgem. Isso resultou em um produto de alta qualidade, com máximo frescor, diversidade e complexidade organoléptica, o que amplia o repertório do uso do produto em deliciosas e práticas receitas salgadas e doces.

O Brasil atualmente é o quarto país importador de azeite de oliva e, nesses vinte anos que trabalho no setor, vi o mercado de azeite crescer e o consumo per capita no país sair dos tímidos 40 ml para 500 ml ao ano. Por sermos um país jovem e com recente produção de azeite de oliva, temos muitos desafios e um longo caminho educacional e de consumo a ser construído. Precisamos conhecer, descobrir, experimentar e compartilhar o fascinante universo dos azeites de oliva. Acredito que, quanto mais dialogamos sobre esse alimento milenar, reforçamos os resultados positivos do consumo de azeite de alta qualidade e incentivamos toda uma cadeia produtiva.

Esta obra de Brígida e Marcelo, com muitos saberes e sabores generosamente compartilhados, nos convida a dialogar sobre a revolução cultural do azeite e nos faz refletir sobre o lema criado por Scofano e que não poderia ser mais atual: "azeitar é preciso."

Para os autores e todos que vierem a ler este livro, deixo o meu abraço e a certeza de que, depois da leitura deste livro, passarão a utilizar, cada vez mais e melhor, os azeites de oliva extravirgem.

Ana Beloto
Azeitóloga, idealizadora e fundadora da marca Azeite-se

[AGRADECIMENTOS]

A dr. Daisaku Ikeda, meu mestre de vida.
A dra. Brígida Jimenez Herrera, minha maestra do azeite.
A Rosa Nepomuceno, amiga conselheira que me apontou caminhos.
A Gisela Abrantes, amiga, companheira e parceira de vida.
A Cristina Scofano, minha irmã de sangue e alma.
A Wanda Apparecida, minha amiga de coração e alma.
A Maria Elisa Berredo, minha amiga, irmã e completude.
A Ellen Miranda, minha "cumadi", amiga e parceira de vida.
A João Miranda, meu afilhado, minha parte.
A Vicente Baltar, meu afilhado, meu todo.
A meus irmãos, Octavio e Hildebrando Scofano, minhas cunhadas e meus sobrinhos queridos.
A meu irmão Julio Scofano (in memoriam).
A família Leta, os caminhos abertos e permanente apoio.
A Ana Beatriz Edler, minha psicanalista de longe e de perto.
Em especial, a todos os chefs autores das receitas: Ana Pedrosa, Ana Salles, Ana Roldão, Anete Ferreira, Bernardo Bastos, Bianca Barbosa, Flávia Quaresma, Gisela Abrantes, Jérôme Dardillac, Juliana Jucá, Lorena Abreu, Manoela Zappa, Paulo Machado, Pedro Frade, Rafael Brito, Silvana Carvalho e Teresa Corção.
A equipe gestora da categoria Gastronomia e Alimentos da rede Zona Sul:
Edilene Santos, Carolina Vieira, Maria Victória e Helio Silva.
A todas as consultoras e todos os consultores da categoria Gastronomia e Alimentos da rede Zona Sul.
E também a: Adelia Machado, Alex Machado, Ana Beloto, Ana Carrilho, Ana Flávia Casimiro, André Rocha, Carlos Blajberg, Edna Bertoncini, Emanuel de Costa, Emmanuelle Dechelette, Fátima Anselmo, Gabriela Maravilhas, Gianfranco Vargas, Guilherme Veiga, Italo Mostarda, Humberto Bizzo, Jorge Pereira Benitez, Luciane Gomes, Luiz Fernando Oliveira, Maria Beatriz Dal Pont, Maria Clara Paulino, María da Paz Aguilera, Marcelo Scoccia, Miguel Zuccardi, Nilton Caetano, Ricardo Furtado, Rosemar Antoniassi, Tita Berredo e Victor Santana.

Marcelo Scofano

[APRESENTAÇÃO]

A oliveira é uma árvore milenar cujos frutos são fonte do suco de fruta mais versátil do mundo, o azeite de oliva extravirgem (AOEV). Esse sumo de azeitona apresenta características químicas, nutricionais e sensoriais que o tornam um protagonista indiscutível da cozinha mediterrânea, a qual transcendeu mundialmente. Fornece ácidos graxos de elevado valor nutricional, antioxidantes naturais que protegem as nossas células contra os danos oxidativos e outros benefícios que tornam seu caráter único e são sua marca registrada. Neste livro, com base em perspectivas complementares, fundiram-se as visões de mundo sobre azeite virgem de dois autênticos "craques" do mundo oleícola, meus queridos Brígida e Marcelo.

Brígida Jimenez, toda energia e com personalidade avassaladora. Ler ou falar de AOEV é pensar nela. Dedicou toda a vida profissional ao mundo sensorial e a descrever a singularidade do aroma desse produto que o diferencia das demais gorduras vegetais. Diretora do Centro Ifapa de Cabra, sua pesquisa teve como inspiração o lema "da árvore à mesa." Termos como irrigação ou sequeiro, colheita precoce, variedades minoritárias, filtração e degustação são apenas pinceladas de sua prolífica atividade científico-técnica. Com uma capacidade divulgadora nata, é capaz de contagiar com seu entusiasmo pelo extravirgem de forma instantânea.

Marcelo Scofano, divulgador internacional incansável, espalha a cultura oleícola ao redor do mundo sob a perspectiva do consumidor. Especializou-se em todos os campos do AOEV: agronômico, de elaboração e, sobretudo, organoléptico. Azeitólogo, consultor em gastronomia e nativo do Brasil, está realizando no país uma "pequena grande" revolução para transmitir informações sobre o "melhor produto do mundo", como ele mesmo define. Sempre sob o ponto de vista gastronômico, essencial para que seja possível desfrutar esse produto totalmente. Marcelo é muito ativo nas redes sociais, nas quais se mostra bastante inovador.

De mãos dadas com Marcelo, os leitores descobrirão a história sobre a chegada da oliveira ao Brasil, seu enraizamento, sua cultura e, sobretudo, o que significa AOEV na gastronomia do país. Quem desconhece o produto descobrirá um mundo apaixonante e um sentido na cozinha. Os versados encontrarão novas aplicações culinárias para obter a máxima utilidade das qualidades sensoriais desse alimento.

Com Brígida, o leitor conhecerá os regulamentos e/ou normativas que imperam na Europa, já que o produto é um dos mais legislados no panorama alimentar, sob os pontos de vista químico e sensorial. Além disso, ela vai guiar o leitor pelo processo de extração e pelo mundo varietal com sua visão apaixonada e profissional, dando pinceladas que o introduzirão na revolução ocorrida nessa área nos últimos vinte anos.

Em suma, este livro nos faz mergulhar na cultura do azeite extravirgem de um país produtor emergente, mas sempre com referência ao Velho Continente, onde a cultura da oliveira remonta a 6.000 anos a.C., bem como nos benefícios proporcionados pela integração desse alimento à gastronomia brasileira.

María da Paz Aguilera
Azeitóloga técnica especialista em
agroindústria e pesquisadora do Ifapa

[INTRODUÇÃO]

Foram 22 anos voando como comissário de bordo, tempo de muito aprendizado em que a prestação de serviço de excelência nas funções de segurança exigidas de um tripulante aéreo me formou com maestria para perceber as distintas e diversas nuances do comportamento humano. Durante os milhares de horas voadas, para cumprir bem minhas funções profissionais, estive atento todo o tempo às demandas e necessidades de cada passageiro em um ambiente confinado, a 10 mil metros de altitude, 900 km/h, no qual a observação sobre minhas atitudes e reações eram determinantes para toda e qualquer situação. Um somatório de experiências único!

O dia 11 de setembro de 2001 foi um divisor de águas para todos nós, mas, obviamente, muito mais para o setor de aviação comercial e seus profissionais. Foi também o momento em que, passados já 17 anos de minha experiência como aeronauta, decidi buscar outros caminhos, com a gastronomia como formação desejada. Entre voos e aulas na segunda turma da faculdade de Ciências Gastronômicas da Universidade Estácio de Sá, no Rio de Janeiro, formei-me tecnólogo em setembro de 2005.

Desde 26 de junho de 2006, quando tive de retornar de Miami pela American Airlines, com o dramático fim que interrompeu minha carreira como tripulante, com a falência da Varig, conhecida companhia aérea brasileira, cada dia tem sido valoroso, pois, apesar de ter sofrido as consequências desse fato, não fiquei desempregado. Imediatamente, comecei a trabalhar como auxiliar de cozinha no Terraço do Espaço Lundgren, na ocasião um conhecido restaurante em Ipanema.

As duras lições agregaram experiências ao azeitólogo que hoje transita pelo mundo. E continua atento às mais diversas demandas culturais, cuja capacidade de estudo, comunicação, concentração e discernimento veio se somando no tempo para culminar neste livro sobre o mais importante alimento funcional à disposição da dieta humana.

O encontro com a dra. Brígida Jimenez veio reiterar o caminho escolhido, pois foi inspirador para meu estudo, pesquisa e entendimento sobre a necessidade do conhecimento científico em um setor em que a fraude e a desinformação são bem enraizados e permeiam, historicamente, a cadeia distribuidora e consumidora. A escolha dela como coautora não foi por acaso. Tudo isso, somado às transformações que descreveremos a seguir, nos trouxe a ideia de nos unir para trazer ao público brasileiro o que consideramos mais relevante.

No simplificado percurso desde a origem, a partir de 2008, data da extração do azeite brasileiro, a história contada passa a confundir-se, despretensiosamente, com minha trajetória pessoal, pois coincide com o momento em que realizei minha primeira viagem de estudo e decidi dedicar-me inteiramente ao estudo do azeite. É um capítulo que reúne informações com base em fontes bibliográficas citadas, entrevistas e muito da minha vivência e testemunho desse período até o ano de 2023, quando o Brasil completou 15 anos de sua primeira extração de azeites oficialmente.

Esse período vem sendo marcado por profundas mudanças no cenário da produção mundial, por fatores que são aqui abordados e que urgem serem tratados, conversados e discutidos, jogando-lhes luz para que se possa comunicar e educar de maneira efetiva sobre as diversas categorias, qualidades e parâmetros que as definem. Independentemente das características culturais e ancestrais de cada região onde é consumido ou produzido o azeite, nas quais as tradições educaram o gosto de modo secular, se faz necessária a difusão do conhecimento e a comunicação de informações pertinentes, atendendo à demanda de um novo tempo.

Para além de todos os efeitos que uma revolução cultural como essa pode provocar, a desinformação sobre o ingrediente é lugar comum, em que a criação de mitos sem a menor base científica é difundida de maneira muito natural. A escolha do azeite por acidez ou a informação disseminada de que ele não pode ser usado em métodos de cocção são apenas a ponta de um iceberg. Todos esses temas são aqui devidamente abordados para que possamos desfrutar de tudo o que um bom azeite pode nos oferecer.

Nos capítulos 2, 3 e 4, dra. Brígida Jimenez Herrera aborda a parte técnica da elaboração atual e a análise sensorial, enfatizando os fatores que incidem na qualidade do azeite. Por meio de sua vasta experiência como pesquisadora e de maneira muito didática, ela cita variedades, controle de pragas e doenças, o índice de maturidade e todas as etapas do processo de produção correlacionando-as aos aspectos sensoriais. A respeito destes, ela ainda explana sobre a qualidade regulamentar da norma do Conselho Oleícola Internacional (COI), quanto aos parâmetros químicos do azeite e sua composição, ressaltando a importância da avaliação organoléptica e descrevendo mecanismos e procedimentos.

A escolha de chefs de cozinha para elaborar receitas com azeite teve como critério minha proximidade pessoal. O parágrafo ou a lauda que alguns escreveram sobre a importância desse ingrediente em seu trabalho foi de livre inspiração e as orientações sobre harmonização e uso do azeite na cozinha não são uma regra absoluta, mas apontam uma direção a seguir. Devo lembrar que a função tátil do azeite, cuja untuosidade é sempre percebida e desejada, em outro alimento dará margens a frequentes acertos. De ex-alunos a parceiros de trabalho e profissionais consagrados, todos tiveram a máxima liberdade de selecionar o preparo que desejassem, desde que os remetesse ao trabalho que executam com o ingrediente, ainda tão desconhecido e pouco explorado na gastronomia. Uma receita minha de família e outra da dra. Brígida finalizam o capítulo gastronômico.

Este livro era necessário e, como estudioso brasileiro, me cobravam ele. De abordagem fácil e simplificada, certamente agradará desde profissionais do setor ao mais sofisticado ou simples apreciador. É um mundo novo a descobrir, ao qual convidamos todos, sem exceção, a se lançarem!

1 ORIGEM

MITO E SACRALIDADE NA BACIA DO MEDITERRÂNEO

É como se ela tivesse nascido com o tempo. No começo de tudo, origina-se a oliveira!

O livro de Gênesis, primeiro do Antigo Testamento, descreve o início do mundo, quando a oliveira aparece como sinal de esperança, símbolo da aliança de Deus com a humanidade. O versículo 11 do capítulo VIII relata: "E a pomba voltou a ele à tarde; e eis, arrancada, uma folha de oliveira no seu bico; e conheceu Noé que as águas tinham minguado de sobre a terra."

Os antigos gregos contavam que a oliveira surgiu de uma disputa entre os deuses Atenas (deusa da sabedoria) e Posêidon (deus do mar), que discutiram para saber quem teria a honra de dar seu nome à primeira cidade surgida na Ática. Zeus (deus dos céus, mantenedor da ordem e da justiça) decidiu que quem realizasse o feito mais útil aos humanos seria declarado vitorioso. Então, Posêidon golpeou seu tridente sobre uma rocha e fez surgir um animal útil para a guerra: o cavalo. Atenas, impressionada com o feito de Posêidon, bateu com a ponta de sua lança na terra e fez brotar uma **oliveira**, cujos frutos alimentariam a população da cidade e cujo óleo curaria a ferida dos guerreiros. Atenas foi declarada vitoriosa por Zeus e emprestou seu nome à importante cidade, hoje capital da Grécia.

Durante a colonização do Mediterrâneo no século VI a.C., os gregos difundiram sua cultura, seu alfabeto, sua arquitetura e, independentemente dos fenícios, o cultivo da oliveira. Usavam o azeite em ritos religiosos, como alimento, para a iluminação e para lubrificar o corpo antes das lutas nas arenas. Na ilha de Creta, no sul da Grécia, expandiu-se a mais emblemática e desenvolvida das civilizações. Considerada a primeira a aparecer na Europa na Idade do Bronze, a civilização minoica, cuja origem se deve ao lendário rei Minos, começou por volta do ano 5.000 a.C. e, misteriosamente, desapareceu cerca de 1.100 a.C.

Há versões que identificam a origem da olivicultura exatamente em Creta, por achados arqueológicos em que caroços de azeitonas foram encontrados fossilizados, em período equivalente a 6.000 a.C. Mas não foi comprovada a existência de resquícios do azeite, como ocorreu em Israel, caso que contarei mais adiante.

A parte mais oriental de Creta abriga sítios arqueológicos dessa época, onde se localiza o palácio de Cnossos, no qual foram encontradas gigantescas ânforas de cerâmica destinadas à conservação do azeite. Como jurado do Concurso de Athena, tive a oportunidade de visitar esse local e, na cidade de Sitia, nesse mesmo lado da ilha, assisti a um seminário do dr. Apostolos Kiritsakis, da Universidade Internacional Helênica de Creta, no qual ele expôs toda a influência da olivicultura na formação da civilização grega.

Egípcios

No Egito, o azeite era amplamente utilizado no período de Ramsés III (1.198 – 1.166 a.C.). Papiros comprovam que esse faraó ordenou a plantação de oliveiras no templo de Tebas. Era também utilizado para a preparação de perfumes, remédios e bálsamos, como condimento e para a iluminação. O azeite e as folhas da oliveira eram utilizados no processo de mumificação. Ísis, a deusa da fertilidade e da maternidade, era a protetora das oliveiras.

Hebreus

Também entre os hebreus a importância da oliveira e do azeite é evidenciada pelos significados simbólicos. São várias as citações na Bíblia e no Torá sobre a importância do trigo, do vinho e do azeite, que representavam a base da dieta da população. A conhecida festa judaica Chanuká é realizada todos os anos para celebrar a luz sobre a escuridão, a luta de judeus contra seus opressores e dura oito dias. A festividade tem início após o pôr do sol do 24º para o 25º dia do mês de dezembro.

A celebração originou-se na recuperação de Jerusalém e do templo profanado pelo rei grego Antíoco, no século II a.C. Após a vitória do exército judeu, constatou-se que havia apenas uma pequena jarra de azeite puro no templo com o selo do sumo sacerdote para que as luzes do Menorá fossem acesas, quantidade que duraria apenas um dia. Mas, milagrosamente, durou oito dias, tempo suficiente para que um novo azeite fosse produzido e levado ao templo para o devido fim, conforme orienta o Torá.

Durante o tempo em que Jesus viveu, o cultivo de oliveiras dominava a região de Jerusalém, momento em que o azeite se tornou um importante produto para a economia local.

No Jardim de Ghetsemani, que em hebraico significa prensa de azeite, estão localizadas as milenares oliveiras que testemunharam a vida de Cristo, segundo os livros sagrados.

Romanos

Assim também foi durante o Império Romano, quando a olivicultura se expandiu pelas colônias no Norte da África, na Península Ibérica e Sul da França. Nesse período, a tecnologia de produção, conservação e transporte do azeite evoluiu muito. Data dessa época a primeira classificação do azeite conforme a qualidade:

- *Oleum ex albis ulivis:* azeite extraído de azeitonas verdes, colhidas à mão.
- *Oleum viride:* azeite extraído de azeitonas quase maduras.
- *Oleum meturum:* azeite extraído de azeitonas maduras.
- *Oleum caducum:* azeite extraído de azeitonas caídas no chão.
- *Oleum cibarium:* azeite extraído de azeitonas podres.

Gosto de imaginar que talvez essa classificação tenha sido a precursora ou inspiradora da atual, que classifica os azeites em extravirgens, virgens e lampantes.

O comércio de azeites nesse período era muito sofisticado e apenas os *negotiatores olearii* eram habilitados a comercializar o produto. Eles se reuniam em corporações e cobravam de acordo com a classificação de qualidade.

É curioso saber que a região romana denominada Bética, hoje a parte sul da Andaluzia, já era a principal fornecedora para Roma, capital do Império, por meio do intenso comércio marítimo no Mediterrâneo. O azeite era transportado em ânforas de cerâmica, que desembarcavam no porto fluvial do Tevere, em Roma, construído no século II a.C. Depois de esvaziadas, elas eram quebradas de maneira sistemática, reduzidas a pequenos fragmentos, transportadas e depositadas em uma área destinada exclusivamente a esses resíduos. O local é hoje conhecido por Monte Testaccio, pequeno morro com 49 m de altura, cujo nome provém de *testae* (termo latino que quer dizer "fragmento de ânfora"). Situava-se dentro da muralha Aureliana, que hoje está coberta por vegetação, bem próximo ao conhecido bairro do Trastevere.

Diversamente das ânforas destinadas ao transporte de outros produtos agrícolas, as ânforas de azeite não eram reutilizadas por causa da rápida alteração dos resíduos absorvidos pela cerâmica, os quais logo tornavam-se rançosos. O problema do descarte rápido e contínuo foi então resolvido com a criação desse local, para onde as ânforas eram transportadas inteiras, quebradas e seus cacos rigorosamente colocados em superposição, construindo terraços com muros de contenção, uma estrutura organizada para economia de espaço. Sobre os fragmentos, era colocado cal para evitar o mau cheiro causado pela oxidação do óleo.

As escavações indicam que a colina se formou entre 74 a.C. e 230 d.C. e foi constatado que tudo aconteceu sob os cuidados de *curatori*, funcionários públicos que regulamentavam e acompanhavam o descarte, garantindo a manutenção e a eficiência. Com esses vestígios arqueológicos, foram obtidas muitas informações sobre a evolução do porto fluvial de Roma e diversos aspectos do comércio do azeite entre a capital e a Península Ibérica. Inscrições nos cacos das ânforas possibilitaram identificar a origem, o peso de azeite, o nome das pessoas que pesaram e se as ânforas eram destinadas ao povo ou ao exército.

Muçulmanos

Verso do Alcorão conhecido por "A Luz", o Sura an-Nur descreve a oliveira de maneira muito especial:

Alá é a Luz dos céus e da terra. O exemplo da Sua Luz é como o de um nicho em que há uma candeia; esta está num recipiente; e este é como uma estrela brilhante, alimentada pelo azeite de uma árvore bendita, a oliveira, que não é oriental nem ocidental, cujo azeite brilha, ainda que não o toque o fogo. É luz sobre luz! Deus conduz a Sua Luz até quem Lhe apraz. Deus dá exemplos aos humanos, porque é Onisciente.

No capítulo 23 do Sura al-Mu'minun, a oliveira é descrita como uma "árvore que cresce no Monte Sinai, que produz gordura e tempero para desfrute dos que o comem". Para os muçulmanos, além de ser um importante combustível para a iluminação das mesquitas, o azeite foi também desde sempre um importante lipídeo na preparação dos alimentos. Por ser proibido o uso de gorduras provenientes de animais como o porco, sempre rejeitado por judeus e muçulmanos, o uso do azeite de oliva foi indispensável e fundamental.

No século IX, os muçulmanos ocupavam as ilhas Baleares, Córsega, Sardenha, Sicília e sul da Itália. Roma já tinha sido invadida por bárbaros e várias vezes saqueada. A religião islâmica não foi imposta aos povos conquistados e, como herança, ficou um vasto conhecimento sobre culturas agrícolas, desde a poda até técnicas de enxerto, irrigação e uso de prensas de extração do azeite. Sob o domínio árabe, a Espanha tornou-se grande produtora, assim como Portugal, países do norte da África e do Oriente Médio. A influência da cultura muçulmana sobre o cultivo da oliveira fica evidente nas palavras técnicas utilizadas na olivicultura e na oleicultura espanhola e portuguesa. É interessante observar que há diversas hipóteses sobre a evolução e o significado da palavra *olivo* (oliveira), mas sem dúvida alguma *olivo*, oliveira, *aceite*, azeite, *aceituna* e azeitona provêm das línguas nativas da Ásia Menor. Já a palavra azeite tem origem no vocábulo hispano-árabe *az-zait*, que significa sumo de azeitona, ou simplesmente *aceite*. É também herança árabe o uso de cerâmicas esmaltadas, o que tornou possível a reutilização de ânforas para transporte.

COMPROVAÇÕES ARQUEOLÓGICAS

São inúmeras as versões que descrevem o surgimento da oliveira na Terra. Parábolas e lendas se misturam a registros documentais, fatos históricos e evidências científicas, criando narrativas que compõem a cultura de todos os povos da bacia do Mediterrâneo. Sabemos que o zambujeiro (*Olea europea* var. *sylvestris*) ou a oliveira selvagem já existia na Ásia Menor, onde hoje estão Palestina, Israel e Síria, desde a Era Terciária, há mais de 2,5 milhões de anos.

Em recente estudo publicado no *Israel Journal of Plant Sciences*, está comprovado que, nessa mesma região, mais precisamente em Ein Zippori, sítio arqueológico na Galileia, ao norte de Israel, foram identificados restos de azeite com cerca de 8 mil anos de idade, em cacos de cerâmica de uma área do Neolítico (10.000 a 3.000 a.C.).

Nas escavações entre 2011 e 2013, os arqueólogos encontraram vasos de cerâmica, grande quantidade de itens de sílex, notadamente lâminas de foice e machados e até vasos de pedra fina, como tigelas e vasilhas de barro que comprovadamente continham azeite de oliva.

Ein Zippori fica a cerca de dois quilômetros da antiga cidade de Zippori, mas é significativamente mais velha. Conduzido pelo fio de azeite, como provador do concurso israelense Terrolivo, tive a oportunidade de visitar esse local. O sítio arqueológico é colado à "propriedade" da querida amiga Ayala Noir Meir, local onde ela hoje elabora o premiado azeite Rish Lakish. Ali passa a Rodovia 79, artéria de tráfego muito movimentada, onde foi encontrada uma cidade inteira durante as obras de expansão, explica o dr. Ianir Milevski, da Autoridade de Antiguidades de Israel. Ayala conta essa história com muita propriedade, pois voluntariou-se para participar das escavações no local.

Não se sabe como o lugar era chamado na época, mas Ein Zippori foi claramente ocupada por um assentamento muito grande, com cerca de quatro hectares, durante longos períodos da Antiguidade, relata o estudo.

Quando os recipientes de cerâmica foram encontrados pela primeira vez, naturalmente os cientistas não sabiam o que havia dentro deles – azeite, trigo, vinho ou qualquer outro item. A análise exigiu o envio de pedaços das vasilhas, cujo manuseio demandou extremos cuidados para evitar qualquer tipo de contaminação, preservando a máxima integridade até chegar ao laboratório da Universidade Hebraica de Jerusalém, responsável por examinar os restos orgânicos absorvidos pela argila das vasilhas.

"Retiramos várias amostras, não apenas do início do Calcolítico ou Idade do Cobre (3.300 a 1.200 a.C.), mas também de outros períodos", disse o dr. Milevski. O resultado foi um só: as vasilhas serviram para armazenar azeite. De acordo com a pesquisa, os estudos comparativos entre os extratos antigos e o azeite moderno de um ano mostram uma forte semelhança, comprovando que o azeite já existia e era produzido há, pelo menos, 8 mil anos. Não se pode afirmar que o óleo então extraído era de oliveiras domesticadas. Provavelmente era de zambujeiros, fato que marca o início do segundo estágio de domesticação da vida vegetal, quando árvores começaram a ser cultivadas.

Em descoberta anterior do dr. Ehud Galili, também da Universidade Hebraica de Jerusalém, milhares de caroços de azeitona esmagados foram encontrados em Kfar Samir, assentamento pré-histórico na costa de Carmel, ao sul de Haifa, datado de cerca de 6.500 anos atrás, ou seja, mais ou menos trezentos anos depois da descoberta de Ein Zippori. Por meio de estudos comparativos com descobertas anteriores, o dr. Milevski afirma categoricamente que, no sítio arqueológico de Zippori, a comprovação das moléculas de azeite nos cacos de vasilhame são, seguramente, as provas arqueológicas mais antigas até hoje encontradas.

A domesticação de animais e plantas foi essencial para a construção de nossa civilização. Esses eventos tiveram início há cerca de 10 mil anos e ocorreram em etapas, por meio de dispersões humanas em longas distâncias percorridas por toda a bacia do Mediterrâneo. A oliveira (*Olea europaea*) é a mais antiga e emblemática, por sua importância cultural, social e econômica.

No livro *A olivicultura internacional: difusão histórica, análise estratégica e visão descritiva*, do geneticista e professor uruguaio Jorge Pereira Benitez e do analista econômico Juan Vilar Hernandéz, menciona-se que a domesticação possivelmente já existia, caracterizada pela propagação vegetativa dos melhores genótipos cultivados e que pode ter precedido o estabelecimento de plantações que se iniciaram no Oriente Médio há cerca de 6 mil anos. O estudo também afirma que, "no entanto, outros estudos genéticos sustentam diversas origens do cultivo na área, embora não seja definitivo se esses resultados reflitam outros eventos de diversificação secundária ou diversos eventos primários independentes." E continua:

A domesticação da oliveira parece ter sido um processo longo e contínuo que implicou numerosas trocas genéticas entre as árvores cultivadas e as reservas de genes selvagens. É mais provável que o primeiro grupo de genes domesticados da oliveira se tenha espalhado com a agricultura, primeiramente no Levante e no Chipre, antes de ser progressivamente disseminado para o Mediterrâneo ocidental. A evidência genética para as origens em vários locais de cultivo foi previamente proposta por vários autores e pode ser explicada por eventos de domesticação secundária envolvendo cruzamentos entre cultivos recém-introduzidos e "oleasters" locais em todo o Mediterrâneo.

Esses cruzamentos recorrentes pelo cultivo das plantas silvestres fizeram surgir, durante todos esses séculos no mundo, mais de mil variedades hoje catalogadas. Supõe-se existir muito mais que isso.

DO MEDITERRÂNEO ÀS AMÉRICAS

Inserida na cultura e na paisagem de todos os países da bacia do Mediterrâneo, incluindo Portugal todo esse tempo, foi pelas mãos dos espanhóis que a oliveira seguiu seu ciclo de expansão e chegou às Américas. Em sua tese de mestrado, *O cultivo da oliveira no Peru: patrimônio cultural americano*, o estudioso peruano Gianfranco Vargas Flores aborda as primeiras práticas agrícolas impostas pelos espanhóis aos territórios em que chegavam. Em 1494, na segunda viagem de Colombo, foi fundado o povoado de Isabela, considerado a primeira cidade espanhola das Américas, onde houve a introdução de cultivos da biodiversidade do Mediterrâneo, "para que servissem de manutenção dos novos moradores". Gianfranco menciona que essas primeiras práticas olivícolas não tiveram o resultado esperado pelos introdutores.

O estudo relata que Colombo levou numerosas sementes e plantas para serem semeadas e cultivadas em Isabela, na ilha La Española, atual República Dominicana:

Os primeiros resultados dos cultivos introduzidos pelos colonizadores foram surpreendentes, pois se deram bem as hortaliças e os frutos de origem asiática, mas mal os propriamente mediterrâneos ainda que crescessem desmesuradamente.

Manuel Lucena Salmoral em *As transferências agrícolas do Mediterrâneo à América do século XVI e XVII: imperialismo verde e formação da agricultura mestiça íbero-americana*

Não há menção sobre oliveiras em tais documentos.

No arquivo das Índias de Sevilha, há referências sobre oliveiras levadas nas expedições. Embora a quantidade não seja mencionada, fala-se em um número abundante de mudas que chegaram vivas, saídas de Sevilha, rumo à ilha. O clima tropical do Caribe, primeiro a receber tais mudas, não era propriamente o mais adequado para elas se desenvolverem. Temperaturas quentes e temperadas o ano todo, ausência de horas de frio e alto índice pluviométrico foram fatores que muito contribuíram para que os resultados fossem infrutíferos. O estudo menciona a obra do sacerdote jesuíta Ricardo Cappa, *Estudos críticos sobre a dominação espanhola na América*, que revela os primeiros registros sobre o cultivo da oliveira nas Américas. O livro reúne também muitas informações sobre as experiências ocorridas nos primeiros anos de colonização, nas quais as oliveiras plantadas em terra firme são descritas como "muito grandes e frondosas", no entanto também "estéreis", pois não davam os frutos esperados pelos espanhóis.

Foram muitas as teorias sobre a esterilidade das oliveiras nos territórios colonizados, quando a árvore crescia tão bem sem frutificar. Mas o fato é que a necessidade de produzir azeite para atender ao consumo das colônias era premente. Inicialmente, o azeite trazido nas embarcações servia para a alimentação, sobretudo para iluminar as caravelas e alguns poucos assentamentos coloniais. Algumas décadas depois, já nos tempos de vice-reinado, há registros de 1562 de que azeites provenientes de oliveiras cultivadas por padres e escravizados no Peru já eram utilizados nas cerimônias religiosas e para iluminar as igrejas.

Os processos de colonização sempre foram caracterizados por deflorestação de bosques endêmicos e grandes embates com povos originários. Nesse contexto, na ocupação hispânica, mudanças estruturais nas florestas e na paisagem natural comprometeram desde então a biodiversidade autóctone e impactaram a estrutura social desses povos, com a desorganização dos sistemas político, econômico e agrícola. Isso provocou na América Andina e Amazônica o extermínio de grandes espaços naturais e dos próprios nativos.

Por meio de um ordenamento assinado pelo próprio rei espanhol em 1533, Francisco Pizarro conseguiu se apropriar de terras agrícolas com nativos para os espanhóis que chegavam para se instalar. Esse processo, sem organização e com grande devastação, paradoxalmente foi também o que favoreceu a introdução da cultura da videira, da oliveira, da cana-de-açúcar e do arroz, diversificando a cultura agrícola até então dominada pelo cultivo da pimenta, do algodão, do milho e da coca. As primeiras propriedades disputavam ser reconhecidas como precursoras de cultivos exóticos em solo peruano.

Em uma publicação intitulada *Estampas limeñas*, escrita pelo peruano José Galvez, conta-se que Don Antonio Ribera, procurador-geral do Peru, retornando a Lima, "Ciudad de los Reyes", levou oliveiras de Sevilha e, mesmo com todo o cuidado no transporte, com mais de cem mudas, chegaram ao destino apenas três estacas vivas, que foram cultivadas em sua propriedade.

Esse período histórico é determinante para a expansão mundial da olivicultura, que por milhares de anos ficou restrita à bacia do Mediterrâneo. Bem documentado, há dados curiosos e descrição de experiências que evidenciam o quão épicas eram as travessias no oceano e o quão determinados e ávidos eram os colonizadores para obter resultados.

(...) A realização de expedições por rotas incertas prolongou muito mais o tempo das viagens e por mais do que o esperado, o que ocasionou a escassez de água para beber e para a irrigação desse tipo de espécie vegetal. Segundo descreve Manuel de la Puente, dentro dos tonéis se mantiveram vivas as mudas de oliveira durante uma viagem bastante complicada, desde o porto de Sevilha até o porto de Callao. Incluindo os transportes e traslados que foram efetuados por via terrestre pela atual República do Panamá e embarcados de novo nesse porto do Pacífico, para poder ser conduzidos até o Callao de Lima. (*Los trabajos geográficos de la Casa de Contractación*, p. 398)

De fato, eram tão apreciadas as mudas de oliveira que se traziam ao Peru que, ao que parece, durante as viagens dos galeões rumo às Américas importava mais a irrigação das estacas de oliveira do que a própria sede de seus tripulantes e demais viajantes. Constantino Bayle menciona a respeito: "os espanhóis procuraram o transplante com tesão e objetivavam o logro como um triunfo: tirando-se a água da boca, reservavam a ruim, medida que era repetida entre os demais navios para poder regar as mudas levadas em tinas médias." (Constantino Bale, 1951)

(...) Ribeira utilizou o método de propagação chamada por "estacas ou estaquilhas" para efetuar o transporte das mudas de oliveiras que trouxe consigo. Provavelmente essas "estacas" foram obtidas a partir de brotos de alguma velha oliveira sevilhana, conseguindo reproduzir exemplares idênticos a esse progenitor original. Isso quer dizer que a partir destes brotos se foram propagando olivais idênticos à planta mãe, obviamente, e se foram aclimatando de acordo com os fatores extrínsecos do deserto do Pacífico Sul.

(...) O Procurador-Geral do Peru embarcou duas grandes tinas de barro com cem estacas de mudas de oliveiras, remetidos desde o porto de Sevilha até a cidade de Lima. No entanto, por mais cuidado e precaução que Antonio Ribera deu às suas tinas, só chegaram vivas 3% de todas as que trazia. De acordo com "Los trabajos geográficos de la Casa de Contratación" realizados por don Manuel de la Puente (...).

A frutificação e a multiplicação dessas árvores são as evidências documentais do primeiro olival em Lima, espaço que se tornou fundacional para a história da olivicultura americana e marcou o fim da espera de mais de cinquenta anos desde as primeiras tentativas na América Central.

Também citado na tese de Gianfranco, Bernabé Cobo (1582-1657) era descendente de olivicultores espanhóis, jesuíta e botânico, considerado um dos primeiros naturalistas que chegaram ao Peru e escritor da obra *História do Novo Mundo*. De acordo com esse livro, anos após a morte dos Ribera (pai e filho), por meio das escrituras testemunhais das viúvas, soube-se que, 13 anos depois de ter cultivado as primeiras três oliveiras, o filho deixava de herança cerca de mil árvores, então outorgadas à igreja. No local foi fundado o Mosteiro da Conceição, atual Centro Comercial La Concepción.

Acompanhado por meu ilustre amigo na 1ª edição do Sudoliva, concurso de azeites sul-americanos, em 2017, tive a oportunidade de visitar esse histórico local, onde hoje estão, além do shopping, a igreja de mesmo nome em Lima. Estranhei não ver nenhuma oliveira cultivada no pátio no qual esteve o mosteiro. Na construção restaurada, existem hoje lojas de roupas e souvenirs locais e nenhum registro das primeiras mudas de oliveiras cultivadas no mencionado ano de 1560, por Antonio Ribera.

Ao perguntar a Gianfranco sobre o fato, ele responde também com uma indagação:

> No ano de 1627, mais de cinquenta anos depois da morte de Antonio de Ribera, dentro do Mosteiro da Conceição ainda se podía ver a primeira oliveira da "Nueva Casilla", em meio a um grande olival, uma oliveira velha e muito grossa, de onde procediam quantas se haviam plantado no Peru.
>
> (...) Os dados e a existência sobre a chamada "oliveira castelhana" só aparecem até a metade do século XVII. Não se encontrou maior informação sobre sua subsistência posterior a essa época, nem tampouco sobre o momento em que foi cortado esse histórico exemplar, reconhecido também como a primeira oliveira monumental do Peru. Se para os antigos moradores do vice-reino de Lima, essa árvore foi todo um símbolo, é incompreensível que seu desaparecimento não tenha deixado nenhum rastro físico nem suposições a respeito para se conseguir entender certamente o que pode ter acontecido com ela.

Esse olival não existe mais, nem se sabe o motivo pelo qual desapareceu. Mas ele foi precursor do que realizou o religioso San Martín de Porres em 1637, trabalho considerado hoje a origem do olival mais antigo vivo que se conheça no continente americano. San Martín de Porres era filho de um nobre espanhol com uma escravizada alforriada, natural do Panamá, que nasceu e viveu em Lima de 1579 a 1639. Reconhecido pelo pai, formou-se auxiliar prático de medicina, barbeiro e herborista e tornou-se religioso pela Ordem dos Dominicanos.

Segundo o frade assistente Juan Vázquez Parra, a ele é atribuído um milagre: conta-se que em agosto de 1637 Martín e Juan trasladaram para a fazenda de Limatambo, hoje o Olival de San Isidro, e ali plantaram setecentas mudas de oliveira em 15 dias. As ramas brotaram no terceiro dia, fato considerado milagroso.

Na mesma viagem que fiz ao Peru, com Gianfranco como meu guia e bom contador de histórias, visitei o local, precisamente a mais antiga oliveira remanescente. As pesquisas em parceria com a Universidade Politécnica de Madrid certificaram que a idade estimada da árvore é de 374 anos, indicando sua origem em 1643 d.C. Essa árvore monumental é hoje patrimônio cultural e considera-se que tenha sido cultivada pelo santo.

Depois de tanto incentivo e esforço, a olivicultura peruana prosperou a partir da segunda metade do século XVI. Curiosamente, em uma radical mudança política da corte espanhola, foi proibido o cultivo de vinhedos e olivais no início do século XVII pelos nativos e determinou-se uma série de restrições. Motivada pelo receio de competição com o produto da metrópole, a decisão se multiplicou por toda a américa hispânica e depois foi replicada no Brasil, no século XIX.

Da Península Ibérica e sua milenar arte de cultivar oliveiras, foram herdados os saberes agrários durante o processo de expansão cultural e territorial empreendida nas Américas, iniciada no final do século XV. Esse evento deu início à dispersão do cultivo na América do Sul subtropical, onde as condições climáticas são apropriadas para o seu desenvolvimento. Os portugueses também intervieram na introdução da cultura, primeiro na Colônia de Sacramento no século XVII e no sul do Brasil no século XIX.

Da Califórnia estadunidense ao México, do sul do Peru ao norte do Chile, Argentina e Uruguai, a cultura da oliveira se expandiu pelas Américas e, nesses locais,

encontram-se hoje espécies seculares com trezentos e até mais de quatrocentos anos. A introdução do cultivo no Brasil merecerá um tópico à parte.

No México, foi o frade Martín de Valencia que plantou o primeiro olival em 1531, em Tulyehualco e no lago Xochimilco, onde ainda hoje existem áreas com oliveiras históricas, localizadas em local pertencente à Universidade Autónoma Metropolitana (UAM), *campus* Xochimilco. Esses pomares deram origem a plantações em Texcoco, Chalco, Michoacán, na Baixa Califórnia e na Califórnia, hoje Estados Unidos. Também no século XVIII, um decreto real proibiu a plantação de videiras e oliveiras e ordenou a destruição de todas as que estavam plantadas. Mas, felizmente, algumas sobreviveram, existem até hoje e favoreceram a continuidade da olivicultura do México à América do Norte, cujo início se deu em 1769 por padres franciscanos, com os primeiros olivais implantados em San Diego, onde surgiu a variedade Mission.

Informação documentada diz que o frei Fermín Franscisco La Suen ordenou, em 1803, o uso do azeite das próprias oliveiras no batismo da missão de San Diego. Eram para fins religiosos os principais motivos para o cultivo.

Sobre o início da olivicultura chilena, recorro mais uma vez ao mestrado de Gianfranco, que cita a possível ocorrência do que pode ter sido, segundo os registros:

(...) Sucede que, apesar de toda a vigilância que Antônio de Ribeira deu às suas primeiras estacas, uma noite uma delas desapareceu que, segundo conta, terminou no Chile, aproximadamente umas 600 léguas da cabeceira do vice reinado do Peru, Lima, "La Ciudad de Los Reyes". Sem maiores resultados, Antônio de Ribeira rastreia, indaga e até busca a excomunhão para quem subtraiu a dita estaca de oliveira.

Suposições à parte, naturalmente, foi pelo norte do Chile que a difusão da olivicultura seguiu seu rumo, local onde as árvores se adaptaram muito bem. Na região de Arica, no vale do Azapa, em um olival com outras oliveiras centenárias que testemunham esse período, está localizada uma oliveira cuja data estimada pela Universidade Politécnica de Madrid é de 440 anos.

Na 2ª edição do concurso Sudoliva, em 2018, tive a oportunidade de visitar esse monumento natural com outros especialistas da América do Sul. Como todos os meus encontros com oliveiras monumentais, foi uma emoção única!

Na continuação do percurso, são três as versões sobre a introdução da olivicultura na Argentina. A primeira relata que os colonizadores espanhóis levaram azeitonas para fazer conservas, quando Don Francisco Aguirre introduziu as primeiras plantas em La Rioja, por volta de 1562. Outra versão, muito considerada, narra a possível chegada pelo Chile, levada por uma expedição militar sob a liderança do capitão Diego de Alvarado, em 1558. A terceira indica que foi introduzida na mesma província pelo capitão espanhol Pedro Alvarado. Seja qual for a verdadeira hipótese, a introdução tornou possível a disseminação por todo o Norte, onde atualmente se encontra a oliveira mais antiga do país, declarada árvore histórica em 1946 e, desde 1980, é Monumento Histórico Nacional, figurando no Catálogo Mundial de Variedades de Oliveira, publicado pelo COI.

Em seu livro *Oliva*, Miguel Zuccardi descreve que as oliveiras cresceram e se multiplicaram livremente, e passaram a ter produção significativa na região a ponto de inquietar os espanhóis pelo volume e pela qualidade, tal qual ocorreu no Chile, no México e no Peru: "Tanto oliveiras como videiras representavam para a Coroa espanhola um ingresso de divisas o qual ela não estava disposta a perder facilmente." Por esse motivo, o período de expansão do cultivo não tardou a se tornar um problema para a coroa e relata-se que o Rei Carlos III de Espanha (1759 – 1788) ordenou cortar todas as oliveiras das Américas, proibindo o cultivo de videiras e oliveiras.

No Uruguai, Jorge Pereira Benitez conta em seu livro que as primeiras oliveiras foram introduzidas no país no final do século XVIII e início do século XIX, provenientes de Buenos Aires e plantadas na periferia de Montevidéu por volta de 1780, ou também por outro possível evento de introdução, anterior a esse período, no enclave português da colônia de Sacramento, entre 1680 e 1760. Há oliveiras centenárias hoje nessas localidades que reforçam a hipótese.

CHEGADA AO BRASIL

No Brasil, a história foi um pouco diferente. Não há documentação tão detalhada como a da colonização hispânica. A maioria dos registros foi perdida no grande terremoto de Lisboa em 1º de novembro de 1755, precedido de um incêndio que durou 6 dias e queimou três quartos da cidade, inclusive boa parte dos documentos com relatos sobre as expedições marítimas desde o descobrimento e que foram essenciais para a formação do Brasil, entre os séculos XVI e XVIII. Nossa história está escrita em documentos salvos em Portugal, arquivos na Inglaterra, achados arqueológicos, conclusões por evidências e suposições.

Ricardo Furtado, auditor-fiscal do Ministério da Agricultura e Pecuária (Mapa) no Rio Grande do Sul, provador e estudioso de azeite de oliva, proferiu uma interessante palestra na Universidade Federal de Ciências da Saúde de Porto Alegre em 2017, ocasião em que conheci, por meio dele, a história do naufrágio do galeão Santíssimo Sacramento, descrita de maneira resumida no site do programa ObservaBaía, da Universidade Federal da Bahia (UFBA):

No ano de 1668, o galeão *Sacramento* deixou o Rio Tejo como nau-capitânia da frota de comboio que escoltava mais de 50 navios mercantes com destino à colônia portuguesa na América do Sul. Ao tentar entrar na Baía de Todos os Santos no entardecer do dia 5 de maio, o navio colidiu com a crista do Banco de Santo Antônio, sucumbindo aos ventos tempestuosos do quadrante sul. Uma das fontes históricas consultadas afirma haver a bordo centenas de passageiros, incluindo clérigos e religiosos de diversas ordens, Ministros da Justiça, entre outros oficiais, designados para a troca de governo na Colônia, uma verdadeira "República portátil". Dentre estes passageiros, vinha no comando da esquadra para assumir o Governo-Geral do Brasil o General Francisco Corrêa da Silva, que faleceu no acidente juntamente com cerca de outras 500 almas. Salvaram-se apenas 70 pessoas. Importante naufrágio do galeão da Compania Geral do Brazil, construído no Porto, norte de Portugal entre 1650 e 1651, o galeão Santíssimo Sacramento foi provavelmente concebido a partir dos planos do mestre construtor Francisco Bento.

O sítio do Galeão *Sacramento* foi descoberto por mergulhadores amadores em 1973, que seguiram a indicação de um pescador local para um ponto de pesca ao largo do Rio Vermelho, costa atlântica de Salvador, conhecido como o "capitania". Inicialmente saqueado por caçadores de tesouros locais, o sítio foi oficialmente escavado por mergulhadores da Marinha do Brasil entre os anos de 1976 e 1979. Durante o trabalho, dirigido pelo arqueólogo Ulysses Pernambucano de Mello, foram efetuados levantamentos planimétricos e altimétricos, fotografias subaquáticas, e quadriculas de 3×3 m foram desenhadas no fundo antes da remoção dos artefatos. Desta intervenção resultaram publicações importantes, algumas em colaboração com especialistas, entretanto nenhum catálogo abrangente jamais foi publicado. Este foi o único trabalho efetuado na Baía de Todos os Santos que executou os procedimentos científicos mínimos visando o registro e a documentação dos artefatos resgatados.

Munições, artilharia, objetos de uso doméstico, instrumentos de navegação, moedas, selos mercantes, crucifixos de chumbo, objetos de decoração e têxteis para as comunidades civis, religiosas e militares urbanas e rurais da florescente capital da colônia portuguesa na América estão entre os artefatos recuperados. Parte da coleção está agora em exposição no Museu Náutico da Bahia em

> Salvador, incluindo alguns fragmentos de madeira do casco, jarras, peças de faiança, entre outros artefatos. Restam ainda hoje no sítio 4 das 5 âncoras originalmente encontradas, diversos canhões de ferro, fragmentos de cerâmica e vidro, pedras do lastro, fragmentos da governadura do leme, entre outros elementos identificáveis, além de extensa porção do madeirame do casco da embarcação, cujo estudo consideramos de suma importância(...).
>
> Em uma das salas do museu, um pôster menciona as jarras de azeite e as sementes de azeitona encontradas na embarcação afundada:(...) Em muitos naufrágios há grande quantidade dessas botijas, calssificadas [sic] como recipientes de comércio marítimo. (International Shipping Containers).
>
> Dos espólios do galeão Sacramento foram resgatadas dezenas desses vasilhames, também conhecidos como "peroleir", "botijuela", "botija", "perulera", "middle style" de formas e tamanhos variados, alguns contendo em seu interior sementes de azeitona e ameixa, além de balas de mosquete. (...)

Segundo Ricardo, pelas pequenas botijas encontradas às centenas, seu conteúdo não eram caroços de oliveira e ameixa, mas sementes dessas árvores para serem cultivadas na colônia. A se comparar com a maneira como os espanhóis trouxeram as oliveiras, esse achado arqueológico na Bahia nos mostra que os portugueses tinham uma forma muito distinta de transportar material genético para as colônias. No entanto, não há descrição de olivais bem-sucedidos no país antes do século XIX.

O livro *A olivicultura no Brasil*, de Pimentel Gomes, editado em 1959 pela Edições Melhoramentos, é uma ode ao novo momento de uma possível olivicultura no Brasil. Na obra, ele relata cultivos de norte a sul do país e antecipa uma mudança cultural:

> (...) além das oliveiras plantadas pelos padres ou por fazendeiros a título de curiosidade, fizeram-se alguns pequenos olivais no período colonial. Em torno da cidade de São Paulo, houve, então, olivais relativamente grandes e muito produtivos. O mesmo [sic] sucedia

em outras cidades. Foram cortados por ordem real. Portugal não queria que seus produtos sofressem concorrência no Brasil. Este fato impediu que a olivicultura tomasse grande impulso, em nosso país, durante o período colonial. Dedicamo-nos a outras culturas.

Desaprendemos a plantar oliveiras e a beneficiar a azeitona. Esquecemos inteiramente a olivicultura. Ademais, os negociantes importadores, muitos deles portugueses, conseguiram fazer o brasileiro acreditar na impossibilidade de ter bons olivais. Oliveiras? Só em Portugal! Em que pese ao erro da assertiva, ainda há quem a julgue absolutamente exata. Dela não cogitavam nossos institutos agronômicos, estações experimentais, campos de multiplicação de mudas e postos agropecuários. Não se estudava olivicultura nas escolas de agronomia nem nas escolas práticas de agricultura. O Brasil conhecia apenas azeitona em conserva e o azeite em lata que nos chegavam principalmente de Portugal. Era uma tradição. Era uma rotina que nos embotava o cérebro e nos tolhia os braços.

Dessa forma, Pimentel, entusiasmado, descreve a virada de chave:

Felizmente, a situação mudou inteiramente nos últimos anos. Surgiram alguns pioneiros. O embaixador Batista Luzardo plantou, na fazenda São Pedro, em Uruguaiana, um grande olival, por algum tempo o maior olival do Brasil. Tem 72.000 oliveiras. As mudas vieram da Argentina. Técnicos brasileiros e argentinos dirigiram o plantio.

A secretaria da Agricultura gaúcha passou a se interessar pela olivicultura. Os agrônomos verificaram que havia por toda parte, até nas praças públicas de Porto Alegre, Pelotas, Uruguaiana e outras cidades. Oliveiras com dezenas de anos, plantadas a título ornamental, frutificando com abundância e regularidade. Examinaram azeitona e o azeite produzidos no Brasil, em laboratórios brasileiros e italianos. Verificaram que os productos de Oliveira em nosso país não eram inferiores aos italianos.

(...) O Ministério da Agricultura tardou em se interessar pela olivicultura. Infelizmente mudou de rumo. Hoje, há trabalhos experimentais. Há algum fomento, embora ainda não seja o que deveria e poderia ser. Ultimamente, importou de Portugal 2 milhões de mudas de oliveiras. O Departamento Nacional de obras contra as secas enviou para as bacias de irrigação da zona semiárido do Nordeste, em abril de 1957 alguns milhares de boas mudas de oliveiras de diversas variedades. (...)

Depois de relatar o cultivo de oliveiras de norte a sul do Brasil, é curioso saber pelo livro que havia campos experimentais e de produção de mudas nos municípios de Petrópolis, Teresópolis e Friburgo com oliveiras em frutificação. Além disso, ele cita também que, no Rio de Janeiro, em 1957, havia uma oliveira da variedade Manzanila, proveniente da Argentina, na antiga chácara Hortolândia, no bairro de Vila Isabel, local hoje ocupado por uma comunidade.

Espírito Santo, Goiás, Bahia, Pernambuco, Paraíba, Ceará, em todos esses estados o livro cita experiências com cultivo de oliveiras. No Rio Grande do Sul, a oliveira foi introduzida inicialmente por jesuítas e, posteriormente, por açorianos. De acordo com registros do livro de Edy Fernandes, *A oliveira e sua cultura no Rio Grande do Sul*, escrito em 1959, em 1820 Auguste de Saint-Hilaire registrou na obra *Viagem ao Rio Grande do Sul* a presença de vários pés de oliveira em Viamão. Já em 1939 há registros de importação de mudas da Argentina e, em 1947, a publicação de uma lei que criava a Comissão de Estudo e Fomento do Cultivo da Oliveira e Industrialização, a qual oferecia incentivo fiscal ao produtor.

Fica a minha indagação: qual o motivo desse lapso temporal de décadas sem informações sobre a olivicultura e o destino da maioria dos experimentos? Há muitas especulações a respeito dos motivos desse abandono, entre elas o lobby político pelo azeite português, com muitos interesses no mercado brasileiro, ou simplesmente pela pouca adaptação aos distintos biomas do país. Mas, considerando todos os registros, é possível afirmar que os dois principais polos produtivos existentes hoje no Brasil têm suas raízes fixadas em percursos muito inconstantes e que a cidade de Maria da Fé, no sul de Minas Gerais, tornou-se a pioneira no desenvolvimento da atual olivicultura brasileira, história muito bem contada no livro *Oliveiras no Brasil*, publicado pela Empresa de Pesquisa Agropecuária de Minas Gerais (Epamig) e em seu blog, que descreve em detalhes o momento da retomada.

(...) As primeiras mudas de oliveira chegaram a Maria da Fé em 1935 e já na década de 1940, servidores ligados ao Governo de Minas Gerais começaram a estudar a cultura. Com a chegada da Epamig ao município em 1975, a Empresa passou a conduzir os trabalhos com foco na avaliação da viabilidade do plantio de oliveira na região sul de Minas Gerais.

"Nós, de maneira especial os pesquisadores da Epamig, mas também equipes de outros órgãos e localidades, fomos agregando informações que com o passar do tempo resultaram em possibilidades de produção, em uma proposta de manejo e em algumas cultivares, até chegarmos no primeiro azeite nacional", relembra o pesquisador aposentado Adelson Oliveira, que atuou em grande parte dos trabalhos desenvolvidos pela Epamig.

Há várias menções a um importante personagem, Emídio Ferreira dos Santos, imigrante português que, ao aceitar ser administrador da fazenda Pomária, solicitou então à sua esposa que viesse com os filhos de Portugal, provenientes da cidade de Tondela, no distrito de Viseu, província de Beira Alta, região central do país. A pedido do marido, nas malas ela trouxe não só várias mudas de oliveiras mas também de cerejeiras e ervilhas. Data, portanto, dessa época os primeiros plantios na região, que não são relatados no livro de Pimentel, mas se somam às experiências ocorridas no país.

Uma fazenda denominada Sítio do Vargedo, doada em 1927 ao governo federal por José Fabrino de Oliveira e sua esposa, Alice Fabrino de Oliveira, em Maria da Fé, foi transferida ao governo de Minas Gerais sob a responsabilidade do Departamento de Fomento da Secretaria de Estado da Agricultura. Até 1972, o local foi palco do desenvolvimento agrícola da região, principalmente com a cultura de batata, cenoura e frutas como pêssego e marmelo, por meio do Programa Integrado de Pesquisa Agropecuária de Minas Gerais (Pipaemg), antecessor da Epamig. Criada em 1974, a Epamig passou a estudar, desde a década de 1980, a viabilidade do plantio de oliveira na região graças às mudas trazidas pela esposa de Emídio e à iniciativa de outro personagem, dr. Washington Winglione, que em 1955 introduziu uma coleção de oliveiras de várias partes do mundo na Fazenda Experimental de Maria da Fé, para pesquisas de adaptação às condições climáticas da região.

Há um interessante registro que relata uma extração de azeite em 1960 por Washington e o funcionário Francisco Severo, com o uso de uma técnica muito incomum na qual as azeitonas colhidas são fervidas em água e sal e, após o esfriamento da mistura, o azeite fica depositado na superfície superior e, então, é colhido com uma colher.

Em minha conversa com o engenheiro agrônomo Nilton Caetano de Oliveira, consultor em Olivicultura, gerente do Campo Experimental de Maria da Fé entre 2004 e 2012, ele relata que, quando assumiu a gerência, nos três primeiros anos, o projeto "patinava" e as azeitonas produzidas na fazenda eram usadas para experiências em conserva ou amassadas com o salto da bota para a retirada da polpa e as sementes eram lavadas para uso em germinação e enxertia. Nilton conta que a primeira extração não foi planejada e ocorreu graças à ajuda de Ítalo Mostarda, filho de italianos residente em São Paulo, que procurou a instituição e propôs uma parceria para uma extração experimental.

Em uma também agradável conversa com Mostarda, ele falou sobre os dois anos que passou na Itália nos anos 1980 para acompanhar a produção da família, que cultiva oliveiras há cinco gerações. Quando retornou ao Brasil, continuou a estudar a cultura como hobby, mas com pouca esperança de encontrar um lugar para o cultivo.

Foi apenas em março de 2006 que um professor e amigo lhe presenteou com um galho carregado de azeitonas e disse que o levaria ao local onde essas oliveiras estavam plantadas. Com o pai italiano e conduzido pelo amigo, Mostarda chegou a Maria da Fé e, emocionado, encontrou oliveiras plantadas nas ruas da cidade. Ao perguntar a um morador, foi informado sobre o centro de pesquisas da Epamig, para onde se dirigiu, conheceu Nilton Caetano e soube que não havia meios para a extração na instituição.

Mostarda havia criado uma extratora artesanal, uma pequena réplica da prensa de sua família na Itália e, em um acordo informal com Nilton, combinaram que no ano seguinte ele teria amostras de azeitonas para fazer algumas avaliações. Em seu detalhado relato, ele conta que as azeitonas se mostraram aptas para a extração do azeite e, em 2007, retornou à Epamig com algumas garrafinhas e apresentou o resultado à equipe de pesquisadores e autoridades do município. Efetivamente, nesse ano, foram extraídos alguns poucos litros de azeite na residência da família Mostarda na capital paulista, produto levado a Maria da Fé. Isso despertou o interesse não só da instituição como também dos políticos locais.

Por fim, no ano seguinte, durante a nova colheita, a extratora foi levada de São Paulo a Maria da Fé e registrou-se o dia 29 de fevereiro de 2008 como o dia de campo da olivicultura. Ocasião em que, diante de convidados e com grande expectativa, foram prensadas as primeiras azeitonas, das quais foram extraídos cerca de três litros de azeite, que somados às extrações dos dias seguintes totalizou quarenta litros naquele ano. A data ficou registrada como o marco histórico da olivicultura brasileira, com o primeiro azeite elaborado por meio das novas experiências, ponto de partida para a produção do país.

No Rio Grande do Sul, concomitantemente, a retomada se deu a partir de 2005, quando os primeiros olivais começaram a ser reimplantados com recursos do Fundo Estadual de Apoio ao Desenvolvimento dos Pequenos Estabelecimentos Rurais (Feaper), por meio de projeto da Emater. Esse foi o ponto de partida para a criação de um Grupo Técnico de Pesquisa e Extensão em Olivicultura em 2008, quando as primeiras recomendações técnicas, adaptadas às condições climáticas gaúchas, foram divulgadas. Em 2010, os primeiros azeites foram então extraídos na região.

RELATO QUE SE MISTURA COM A HISTÓRIA

Era o ano de 2007, no Rio de Janeiro, quando a escritora e jornalista Rosa Nepomuceno, então consultora dos Supermercados Zona Sul, elaborava a primeira carta de azeite de uma rede de varejo no Brasil e me convidou como colaborador gastronômico. Na ocasião, eram comercializados 35 diferentes rótulos de extravirgens de vários países. Ao receber o convite, achei estranho degustar azeites para fins de harmonização, pois para mim eram todos iguais.

Ao degustá-los sem nenhuma metodologia conhecida, foi uma grande surpresa deparar-me com tantos diferentes sabores: alguns mais amargos, outros mais picantes, uns quase adocicados e majoritariamente amendoados. A necessidade e o desejo de aprofundar o estudo e o conhecimento se somaram ao convite feito por Rosa para acompanhá-la em uma viagem à Itália no ano seguinte, em setembro de 2008, para conhecer duas regiões produtoras de azeite: Umbria e Toscana.

Foram 15 dias durante os quais ficamos hospedados, quase todo o tempo, na simpática Locanda delle Noci, propriedade rural do casal Marcelo Ortiz e Antonella Pala, ele brasileiro, ela italiana, que produz para consumo hortícolos e frutíferas, entre as quais algumas oliveiras. Essa viagem resultou em um livro publicado em 2009 pelas Editoras Senac Rio e Casa da Palavra, de autoria da Rosa e do qual sou colaborador gastronômico.

Era uma manhã de outono quando, a bordo de um Lancia prateado, percorríamos os lindos campos de olivais, vinhas e trigo, cujas diferentes tonalidades douradas e verdes muito se assemelhavam a pinturas impressionistas e me faziam sonhar. O caminho antecipava um encontro único que mudaria minha vida.

Ao chegarmos à Locanda, acompanhados de minha amiga Vera Garcia, que nos havia recebido em Roma e nos indicara a hospedagem, logo nos deparamos com um lindo jardim de ervas, onde arbustos de lavanda, manjericão e alecrim perfumavam o ar e ornavam um cenário único, com árvores como cerejeiras, pessegueiros e oliveiras. Após o almoço, no qual uma deliciosa e simples massa artesanal *al sugo* nos foi servida, fui dar uma caminhada para ver de perto os olivais que avistara no caminho. Foi quando me deparei pela primeira vez com esses seres ancestrais, de troncos retorcidos e esculpidos pelo tempo, com seus galhos curvados pelo peso daquelas frutas verdes que, magicamente, dentro de si, abrigavam o precioso óleo.

A emoção foi única! A impressão para meus olhos e alma é, até hoje, indescritível, pois estava diante de um dos seres vivos mais generosos, que moldou as bases da nossa civilização e muito influenciou culturalmente. Jamais poderia imaginar o quanto aquele instante impactaria minha vida! Os dias seguintes foram de visitas a grandes e pequenos produtores, muito bem relatados no livro de Rosa, em cujo último capítulo escrevo as receitas compiladas durante o percurso, harmonizando-as com os azeites que então comecei a conhecer.

Tudo foi muito intenso e, na viagem de volta ao Brasil, o impacto contribuiu para a minha decisão de especializar-me nesse que considero hoje o mais importante alimento funcional à disposição do ser humano. Atualmente, 63 países no mundo produzem azeite nos dois hemisférios e 190 o consomem, segundo o Conselho Oleícola Internacional. A decisão de iniciar meus estudos estava tomada! Busquei informação por toda parte e, manejando precariamente a internet, nada encontrei no Brasil.

Meu irmão Octavio Scofano, carioca morador de Itajubá, no sul de Minas, desde o início dos anos 1990, onde casou e teve seus filhos, é proprietário do portal de notícias Conexão Itajubá e locutor de um programa de rádio local de mesmo nome. Ao saber de minha viagem e de meu interesse pelo azeite, informou-me que na cidade vizinha havia sido extraído recentemente o primeiro azeite brasileiro. Logo decidi visitar a fazenda experimental, ainda em 2008, momento em que se deu meu encontro com a incipiente produção brasileira e os pesquisadores pioneiros da instituição. Naquela breve visita, pude degustar o então icônico azeite, cuja produção tenho acompanhado desde então.

Em documentos e atas da Epamig, constam informações sobre a criação do Núcleo Tecnológico de Azeitona e Azeite em 16 de junho de 2008, formado alguns meses depois da primeira extração. Seu primeiro coordenador foi o agrônomo Emerson Dias Gonçalves, que permaneceu à frente até 31 de agosto de 2009, quando foi substituído por Nilton Caetano e passou a ser coordenador, cargo que ocupou até 21 de setembro de 2012, momento em que se aposentou.

Com o objetivo de incrementar o setor com troca de informações e experiências, o núcleo era formado por um grupo multidisciplinar com profissionais de várias instituições, momento de grande importância para a incipiente olivicultura brasileira. A partir de 1 de outubro de 2012, Luiz Fernando Oliveira, engenheiro agrônomo que já fazia parte da equipe de pesquisadores da Epamig, assume a coordenação do núcleo, posteriormente extinto pelo governo estadual em 17 de setembro de 2013. Luiz Fernando acabara de finalizar o doutorado em olivicultura pela Universidade Federal de Lavras (UFLA) e, mesmo após a extinção do núcleo, manteve-se à frente das pesquisas com a importante colaboração da bióloga Carolina Ruiz Zambon, sua esposa, também pesquisadora e com especialização em botânica, cujos estudos foram essenciais para o melhor conhecimento da floração e polinização das oliveiras na região. Em 18 de abril de 2016, foi criado o então Programa Estadual de Pesquisa em Olivicultura, coordenado por Luiz Fernando até os dias de hoje.

Depois de a partida ter sido dada por Nilton Caetano, o jovem agrônomo e os demais pesquisadores, vencendo todas as dificuldades de um centro público de pesquisas, consolidaram e ampliaram os estudos, fizeram a aquisição de novos equipamentos, dispondo hoje de Abencor (aparelho que viabiliza a extração com um quilo de azeitona ou mais), espectrômetro infravermelho e ultravioleta e cromatógrafo gasoso (aparelhos que possibilitam analisar a qualidade das azeitonas e do azeite). Adquirida em 2009, a unidade de extração de 100 kg de azeitona por hora está sendo substituída em 2023 por outra com capacidade de 250 kg/hora, com a aquisição também de outros equipamentos, como envasadora e rotuladora.

Ao mesmo tempo em que ocorria a história mineira, no Rio Grande do Sul, hoje principal estado produtor do país, a olivicultura também se iniciava. Segundo dados da Secretaria Estadual de Agricultura, Pecuária e Desenvolvimento Rural, os primeiros olivais foram financiados em 2005 e, em 2008, foi criado o Grupo Técnico da Olivicultura, formado por pesquisadores que trabalharam na adaptação de tecnologias e conhecimento de outros países para as condições de clima e solos do Rio Grande do Sul, cujas primeiras recomendações foram disponibilizadas para os produtores em 2009.

Em 2012, criou-se a Câmara Setorial das Oliveiras e foi instituída a primeira abertura oficial da colheita no estado. Em seguida, destaca-se o Programa de Desenvolvimento da Olivicultura, por meio de decreto estadual em 2015, que intensificou a cooperação entre instituições públicas e privadas, fato decisivo para a estruturação do Instituto Brasileiro de Olivicultura (Ibraoliva), criado em 2017.

A Epamig é, sem dúvida, a grande precursora do país e hoje une forças com outras instituições, como a Ibraoliva, a Embrapa Clima Temperado, de Pelotas/RS, a Embrapa Agroindústria, no Rio de Janeiro, e ao Instituto Agronômico de Campinas (IAC), em São Paulo, principais unidades de pesquisa que atualmente colaboram para o desenvolvimento da olivicultura e da produção do azeite no Brasil, entre outras instituições em cooperação.

Minha busca por conhecimento e formação, após minha viagem à Itália, foi incessante! Tornei-me docente de gastronomia do Senac RJ em 2009, momento em que a professora Maria Beatriz Dal Pont, então diretora da unidade Marapendi, convidou um especialista italiano para ministrar um curso de análise sensorial de azeites, o primeiro no Brasil, aberto ao público em geral, realizado em setembro daquele ano, com duração de uma semana.

O curso atraiu a atenção de poucas pessoas, fui convidado para ser tradutor do professor, o que me fez participar ativamente do curso e despertou ainda mais meu interesse. O profissional trouxe consigo trinta distintos rótulos de azeites de várias partes do mundo, premiados no concurso Armonia, na Umbria. Foi a primeira oleoteca a ficar disponível para degustação de alunos de cursos técnicos de gastronomia no período de pouco mais de um ano, tempo em que foi possível manter as características sensoriais de frescor. O trabalho desse profissional não teve continuidade na instituição em razão de problemas jurídicos, motivo pelo qual não cito o seu nome, mas, sem dúvida alguma, o curso foi de grande importância para quem o realizou, inclusive para mim e para Rosa Nepomuceno, cujo livro seria publicado alguns meses depois.

Em 2011, por meio da empresa JKPG Consultoria, Patrícia Galasini e Jairo Klap ofereciam na capital paulista um curso de formação e especialização em azeites.

Conduzido pelo ítalo-brasileiro Vitor Fratini, com o engenheiro de alimentos e especialista em azeites Paulo Freitas no corpo docente, fui aluno desse pioneiro curso de degustador na unidade Barra Funda do Senai SP, com duração de 40 horas, entre os dias 19 e 23 de setembro daquele ano. Depois desse encontro, iniciou-se uma incipiente troca de informações entre participantes e docentes, incentivada pela JKPG, ação que muito colaborou para consolidar o caminho do conhecimento que se iniciava no país.

> **Cena 10/Le Velmont/Cozinha/Interior/Noite**
> Atenção Edição: ligar pelo áudio com a cena anterior.
>
> *Renê*
> — (ri) E o maître gerente veio fazer o que por aqui?
>
> *Severino*
> — Avisar que estão aí pra jantar: sua amiga Renata, chef de cuisine, e seu amigo azeitólogo.
>
> *Renê*
> — (corta) Marcelo é sommelier de azeite! Falo com eles daqui a pouco. (se volta, alto) Temos uma chef de cuisine, no salão! Ainda bem que é minha amiga...
>
> *Clara*
> — (alto) Temos um chef diplomado pelo Cordon Bleu na cozinha. Ainda bem que ele está no comando...
>
> Todos riem e voltam ao trabalho.
> Corta para (...)

Esse é o trecho de um diálogo entre os personagens dos atores Dalton Vigh e Ricardo Blat, que foi ao ar no capítulo 44, em outubro de 2011, na novela *Fina Estampa*, da rede Globo, escrita por Aguinaldo Silva e Maria Elisa Berredo. Maria Elisa, querida amiga que me convidara para ser consultor da obra e *coach* dos atores do núcleo de gastronomia com minha parceira Renata Lopes, cria, então, com a licença poética que a teledramaturgia permite, o termo "azeitólogo."

O fato chamou a atenção e a curiosidade para uma profissão até então inexistente, cuja designação o próprio chef nega no diálogo. Poucos dias depois de o capítulo ir ao ar, fui procurado por alguns jornalistas que buscavam saber quem era o especialista que treinava o ator e dava informações sobre azeite aos autores. A repercussão já era esperada, já que, naquela época, a telenovela alcançava altos índices de audiência, abrangendo milhões de lares brasileiros. Depois daquele fato, senti uma enorme responsabilidade. Urgia, de minha parte, uma formação mais consistente, existente apenas fora do Brasil.

Na condição de conhecido "azeitólogo", fui convidado para assistir à palestra de uma respeitada especialista espanhola no Instituto Cervantes do Rio de Janeiro em fevereiro de 2012 e a ela fui apresentado como um estudioso brasileiro do assunto. Nessas linhas, confesso que me senti meio constrangido com tal apresentação, pois até então era muito incipiente minha capacitação e me faltava uma formação consolidada.

Dra. Brígida Jimenez Herrera é diretora do Instituto de Formación Agraria e Pesquera de Andalucía (Ifapa), unidade de Cabra, província de Córdoba, na Espanha, um dos mais importantes centros de pesquisas em azeites do Mediterrâneo. Em nossa breve e rápida conversa naquela noite, disse-lhe que eu buscava conhecimento mais aprofundado e necessitava de uma formação. Nesse momento, ela me convidou a efetuar a inscrição em um curso no Ifapa, onde em maio daquele ano cursei análise sensorial em azeites. Diferentemente dos cursos que eu havia feito nos anos anteriores, dra. Brígida, com vasto conhecimento e generosidade ao transmiti-lo, teve e tem grande influência em minha formação. Ela tornou-se minha *maestra*, hoje amiga e parceira, e me abriu as portas de um mundo único e fascinante.

A partir de então, investi tudo o que podia no estudo de azeites, sob sua orientação. Vendi meu único apartamento no Rio de Janeiro, retornei à Espanha ainda aquele ano para participar do 2º Congresso Internacional de Análise Sensorial em Priego de Córdoba e, de lá para cá, minha formação é incessante! Nesse congresso, conheci os maiores profissionais do setor, tornei-me grande amigo de Ana Carrilho, hoje diretora de produção do Esporão, e de seu marido, o também agrônomo e consultor Rodrigo Sotomayor. Maria da Paz Aguillera, Anuncia Carpes, Marco Oreggia, Marino Uceda, Alexis Kerner, Tomiko Tanaka, Sebastian Sanchez, Franca Camurati, Mariana Matos, Fernando Martins, Paqui Garcia e muitos outros nomes que passaram a fazer parte de meu entorno profissional, pessoas com quem aprendi e aprendo permanentemente, compartilhando experiências e tecendo uma grande rede de contatos que fazem parte do mundo dos profissionais do azeite.

Em 2013, submeti meu currículo e fui aprovado para o curso Master em Elaiotecnia, capacitação técnica que abrange o conhecimento sobre os aspectos agronômicos e industriais influenciadores da qualidade do azeite. O foco são os parâmetros organolépticos que caracterizam atributos sensoriais positivos e negativos. O curso ocorreu nas unidades de Mengíbar e Cabra do Ifapa.

Na ocasião, conheci Ana Paula Beloto, azeitóloga, estudiosa e apaixonada por azeites, também aluna de Brígida Jimenez e por ela apresentada. Ana é uma profissional que se tornou grande parceira, na intensa troca de experiências e vivências entre cursos, eventos e viagens que fizemos juntos. Convidei-a para escrever o prefácio deste livro, pois a paixão pelo azeite nos uniu nesse percurso e nos fez entender que o único caminho possível para a difusão dessa cultura no Brasil é o conhecimento científico.

Quando me perguntam o que é necessário para alguém ser considerado azeitólogo, respondo que tal profissional precisa, antes de mais nada, ter paixão pelo que faz. Seja ele graduado em gastronomia, seja em engenharia, direito, medicina, farmácia, química, nutrição, qualquer outra formação ou apenas uma simples capacitação técnica, a vivência e a experiência incessantes no setor são essenciais.

Um azeitólogo é aquele que conhece todos os fatores, agronômicos ou industriais, da cadeia produtiva e distribuidora, que influenciam na qualidade do azeite. É um profissional conhecedor das distintas classificações comerciais, do uso específico de cada uma delas, bem como de suas diferentes qualidades.

Um único curso de análise sensorial ou até mesmo formações técnicas em olivicultura e elaiotecnia não bastarão se a experiência não for continuada, pois o conhecimento em características organolépticas de um determinado alimento, por sua subjetividade, se perde sem a prática permanente. É um profissional que deverá ter capacidade de concentração para identificar, discernir e descrever com segurança sobre os atributos positivos e negativos que podem estar presentes no azeite e relacioná-los à sua origem, contribuindo assim com o aperfeiçoamento de todos os processos produtivos.

Três anos passados da histórica data de 29 de fevereiro de 2008, um azeite brasileiro foi então comercializado, pela primeira vez, fora de sua área de produção em uma rede de supermercados. Em 2011, o extravirgem Olivas do Sul, elaborado pela família Aued em Cachoeiras do Sul/RS, foi incluído no mix de produtos oferecido pela rede Zona Sul a seus clientes, no Rio de Janeiro. Nessa época, o estado já despontava como a principal região produtora do país, responsável hoje por mais de 80% do volume de produção. Dos caminhos abertos em 2008, entre erros e acertos, a evolução da olivicultura brasileira se mostra surpreendente, ainda que encontre inúmeros desafios climáticos para a adaptação do cultivo.

Não há dúvida nenhuma de que o domínio da tecnologia em todas as etapas da cadeia produtiva, a experiência em produção de mudas, tipos de podas, manejo agrícola, agroindústria e análises da azeitona e do azeite vêm consolidando ano a ano o cultivo da oliveira no país. O avanço da produção e o aumento do consumo evidenciaram a necessidade de estabelecer normas técnicas específicas. Assim, no dia 30 de janeiro de 2012, foi publicada no *Diário Oficial da União* a Instrução Normativa Mapa nº 1, que pela primeira vez na história do país estabelece o regulamento técnico do azeite de oliva e do óleo de bagaço de oliva, definindo o padrão oficial de classificação que conhecemos hoje, de acordo com os requisitos de identidade e qualidade, bem como a rotulagem para comercialização.

Criada por meio de debates públicos a partir de 2009, a normativa é um espelho da normativa da União Europeia. Em seu anexo II, constam os limites de tolerância das características sensoriais como ferramenta complementar do controle de qualidade com base em um painel formado no país e homologado internacionalmente. Esse fato foi logrado em 2021, quando o Laboratório Federal de Defesa Agropecuária (LFDA) do Mapa obteve o reconhecimento do Conselho Oleícola Internacional, certificação renovada anualmente. Outro importante marco para o Brasil!

Na parte técnica de análise sensorial que será abordada pela dra. Brígida Jimenez em capítulo posterior, estão o conceito e a importância dos painéis sensoriais. Relevante instrumento para o controle da qualidade do azeite, eles consistem basicamente na identificação e quantificação da intensidade de uma série de atributos sensoriais do produto, tanto positivos como negativos.

A partir de 2013, quando a normativa do ministério passou a ser implementada, iniciou-se uma maior fiscalização tanto na produção como na comercialização, fato que veio a se refletir em considerável redução das fraudes no país. De acordo com o próprio Mapa, azeite é o segundo alimento mais fraudado do mundo, depois dos pescados, e o Brasil era, e ainda é, destino de um grande volume de produtos de má qualidade, rotulados indevidamente fora da classificação.

Ainda em 2011, vinculada à Secretaria de Agricultura e Abastecimento do Estado de São Paulo, a Agência Paulista de Tecnologia dos Agronegócios formou o Grupo Oliva SP a fim de organizar ações conjuntas de pesquisa, desenvolvimento e transferência de tecnologias para propor medidas que promovessem a cultura da oliveira no estado. Dra. Edna Bertoncini, engenheira agrônoma, doutora em solos e nutrição de plantas, é a atual coordenadora técnica do grupo e grande fomentadora da olivicultura na região da Mantiqueira paulista.

Em maio de 2015, a convite da Fundación del Olivar, instituição espanhola de fomento à olivicultura e organizadora da Expoliva, participei como delegado e representante do Brasil no Salão Internacional do Azeite Extravirgem, importante mostra abrigada pela feira, na qual 150 rótulos de 15 países em média são apresentados ao público. A função do delegado nesse evento, que ocorre na província de Jaén em todo ano ímpar, na Espanha, é selecionar cinco rótulos de seu país que representem a produção naquele biênio, por critérios de qualidade, práticas comerciais corretas e volume mínimo de 500 litros, critério especialmente estabelecido para o Brasil, incipiente produtor.

Havia apenas oito anos que o Brasil extraíra seu primeiro azeite. Mas já eram inúmeras as marcas desenvolvidas no país, tanto na Mantiqueira paulista e mineira quanto no Rio Grande do Sul, além de pequenos cultivos nos estados de Santa Catarina, Paraná, Rio de Janeiro, Espírito Santo e até mesmo no sul da Bahia.

Na minha primeira participação no Salão, fui apresentado ao engenheiro agrônomo e auditor-fiscal do Mapa Ricardo Furtado, que atua na Superintendência do Rio Grande do Sul. Igualmente apaixonado por azeites, Ricardo, que citei anteriormente em razão de seu estudo sobre a introdução da oliveira no Brasil, estava no evento por conta própria e nos aproximamos por afinidades profissionais. Como profissional do Ministério e ciente das necessidades e carências generalizadas do setor, Furtado me convidou no ano seguinte para ministrar um breve curso de iniciação à análise sensorial de azeites, em Porto Alegre, direcionado a participantes que se ofereceram para arcar com minhas despesas de viagem, hospedagem e remuneração.

No encontro, reuniram-se outros profissionais do Ministério, além dos professores Juliano Caravaglia e Isabel Casper, docentes da faculdade de gastronomia da Universidade Federal de Ciências da Saúde de Porto Alegre (UFCSPA). O evento deu início a amizades que perduram até hoje, despertou o interesse dos profissionais da superintendência e trouxe à tona a necessidade da formação de um painel sensorial, uma vez que a normativa brasileira já previa tal ferramenta complementar de fiscalização no anexo II.

Juliano, Isabel e Ricardo foram, portanto, os responsáveis pelo início da formação do primeiro painel brasileiro certificado pelo Conselho Oleícola Internacional, do qual Caravaglia é o líder atual, Isabel e Ricardo, provadores. Homologada em 2021, sua certificação é atualizada anualmente e já se constitui importante ferramenta fiscalizadora. Tendo em vista a dimensão continental do país e o volume de importação do Brasil atualmente (ver gráfico no final do capítulo), a necessidade da formação de outros painéis tornou-se evidente.

Em uma casa de estilo neoclássico no Grajaú, onde vivi minha infância com minha irmã e atual sócia, Cristina, foi construído um lindo espaço gastronômico no qual funcionava a Estilo Gourmet Saber Culinário. Entre 2009 e 2021, realizávamos no local vários cursos livres de culinária, com vários profissionais da cidade, bem como experiências de harmonização entre azeites de distintas origens e os mais diversos pratos da cozinha brasileira. Meu trabalho se consolidava com o somatório dessas experiências, eventos e cursos que ministrava, atraindo o interesse de várias pessoas tanto pelas redes sociais quanto entre profissionais do setor.

Durante esse período, como docente de gastronomia no Senac RJ, meu maior foco educacional foi o uso do azeite. Graças à iniciativa da então gestora especialista, Francine Xavier, dra. Brígida Jimenez foi convidada pela instituição para ministrar cursos sobre azeite em três ocasiões nos anos de 2013, 2014 e 2015. Cursos dessa natureza se difundiram em outras cidades, não só no Brasil mas também no mundo. Nova Iork e Londres passaram a oferecer cursos de formação, o que consolida passos importantes na expansão dessa nova cultura que, paralelamente, acompanhou o desenvolvimento da produção do azeite no Brasil.

Em 2011, a Faculdade de Química da Universidade da República do Uruguai, em Montevidéu, passou a oferecer no portfólio a formação de Sommelier em Azeite de Oliva. Um curso de duas semanas de duração, com conteúdo rico e diversificado, imersão em elaboração, composição química e análise sensorial, de que participei e fui aprovado em julho de 2017. Atualmente coordenado pelas professoras Adriana Gámbaro e Ana Claudia Lelis, foi um dos primeiros do mundo com tal formação.

Nada nessa interconectividade ocorre isoladamente. Depois de alguns e-mails trocados, foi marcado para o dia 1 de março de 2016, na sede da Estilo Gourmet, o encontro com os pesquisadores Rosemar Antoniassi, Humberto Bizzo e Adélia Machado da Embrapa Agroindústria de Alimentos, unidade que atua em pesquisa, desenvolvimento e inovação agroindustrial de alimentos. O objetivo do encontro era me convidar a conhecer o centro temático onde eles atuam no estudo de gorduras vegetais, fato que deu início à minha colaboração. A troca de conhecimento com esses grandes pesquisadores, desde então, tem sido de grande contribuição para meu crescimento profissional.

Com minhas frequentes visitas, passei a familiarizar-me com equipamentos de análise laboratorial de azeites, conheci melhor os distintos aspectos da composição química de gorduras, sua conservação e degradação. Incentivado por eles, postulei sem sucesso um mestrado em química de alimentos na Universidade Federal do Rio de Janeiro. Mas, a partir daí, cursei como aluno ouvinte algumas matérias básicas em química, sobre a qual meu conhecimento era escasso pela ausência dessa disciplina na formação de um gastrônomo.

Ciente da dificuldade de cursar um mestrado, sem tempo para tal dedicação, ainda que a titulação fosse de grande importância para meu currículo, entendi que o conhecimento que eu adquiria era o que realmente me interessava. Em contrapartida, colaborei com pesquisas sobre o azeite brasileiro, publicadas em 2017 e 2018, cujos resultados foram expostos em congressos na Espanha e no Brasil.

Entre os dias 9 e 11 de outubro de 2017, no mesmo formato do que foi realizado no Mapa, ministrei um curso de iniciação à análise sensorial de azeites para vinte profissionais da unidade. Na ocasião, conheci as pesquisadoras Rosires Deliza e Daniela Freitas, responsáveis pelo laboratório de análise de alimentos, com quem iniciei um trabalho de parceria por meu conhecimento em sensorial de azeites.

Em recente edital do CNPq, foi aprovada a formação do Instituto Nacional de Ciência e Tecnologia da Olivicultura, cujos trabalhos estão iniciando em 2023, fato de grande relevância para consolidar definitivamente a produção no país, com parceria entre universidades e instituições de pesquisa.

Sempre de modo paralelo ao crescimento da produção do azeite brasileiro, todo esse percurso aqui descrito foi permeado com minha participação como jurado em inúmeros concursos internacionais de azeites.

Quando minha *maestra* me convidou para compor o júri da Seleção de Jaén em janeiro de 2015, competição regional entre azeites daquela província na qual são selecionados oito extravirgens de maior intensidade de frutado, não imaginava que eu estaria ingressando em um seleto grupo de profissionais, dos quais nunca mais me dissociaria. Daquele ano até hoje, venho participando anualmente como jurado de concursos em Portugal, Espanha, Grécia, Tunísia, Israel, França, Marrocos, Chile, Argentina e Peru.

De 2008 aos nossos dias, dos quarenta litros iniciais extraídos em Maria da Fé, o crescimento da produção brasileira surpreendeu muito mais pela qualidade que pelo volume. Em 2022, a extração do azeite nacional foi estimada em cerca de 550 toneladas, o que corresponde a menos de 0,5% do que foi importado nesse ano, mas na evolução desse curto espaço de tempo várias marcas do país receberam centenas de prêmios nos mais diferentes concursos internacionais, consolidando uma produção de excelência, graças aos recursos tecnológicos de extração e à ausência da tradição na elaboração. É um orgulho, como provador das competições, receber prêmios e menções em nome dos produtores brasileiros e testemunhar tal crescimento.

A olivicultura brasileira é moderna, uma das mais jovens do mundo e esse fato nos coloca em uma posição rara, pela excelência do produto. É sabido que os desafios relacionados a uma prática agrícola tão recente em terras tropicais e temperadas requerem a soma do conhecimento acumulado em regiões ancestralmente produtoras e as experiências vividas no país. É uma cultura perene, secular, que exige paciência, resiliência, troca de informação, pesquisa e disposição de investimento. O que se pode afirmar é que, diferentemente do que se viveu anteriormente na história da olivicultura do Brasil, dessa vez não há como voltar atrás.

Profissional das letras e apaixonado por azeites, Sandro Marques profissionalizou-se na Organizzazione Nazionale Assaggiatori Olio di Oliva (ONAOO), renomada escola italiana de capacitação em análise sensorial e, para atender ao crescimento da produção no país, em 2017 teve a iniciativa de publicar o primeiro guia de azeites nacionais. *Extrafresco: o guia de azeites do Brasil* é uma interessante publicação que não contempla a totalidade da produção de qualidade no país, mas tornou-se sem dúvida referência para o consumidor que desconhece majoritariamente o produto nacional. Quando tive a oportunidade de conhecê-lo pessoalmente naquele ano, em um evento no Rio de Janeiro, cumprimentei-o pela valorosa iniciativa, que muito contribui para o percurso do azeite brasileiro.

No decorrer desses 15 anos de estudo e inúmeras vivências, ficou claro para mim que o desenvolvimento da tecnologia de extração de azeite, as pesquisas que determinaram a importância de preservar a integridade da fruta, bem como a escolha do grau de maturidade e variedade, a conservação do azeite e a decisão sobre o próprio território de cultivo são os principais fatores que possibilitaram a elaboração de um produto até então desconhecido. Ouso dizer que nunca antes, em oito mil anos de história, tivemos a oportunidade de provar tamanha diversidade sensorial em azeites.

Da ancestralidade ao século XX, as distintas qualidades do azeite e suas classificações foram definidas de acordo com o conhecimento e a tecnologia disponíveis em cada uma das etapas da história. É curioso observar que, nos últimos séculos, o azeite tenha sido extraído apenas de frutas fermentadas, mofadas e até mesmo podres, as quais após a colheita eram conservadas em sacos de estopa, em armazéns ou a céu aberto, sem nenhum cuidado para preservá-las. Seja pela logística de colheita, seja pelo transporte do fruto, pela conservação, extração por prensagem ou em obediência a tradições culturais estabelecidas em cada país produtor, o consumo em toda a bacia do Mediterrâneo é, preferencialmente, de azeites elaborados com base nessas condições muito enraizadas.

Em minhas recentes viagens aos mais distintos lugares, seja entre países magrebinos, seja em Israel, Oriente Médio, Espanha ou sul da Itália, foi possível perceber que o gosto construído culturalmente não se modifica facilmente, em função dos novos parâmetros estabelecidos por normativas segundo as quais a qualidade é evidenciada no produto elaborado com a fruta fresca. É como se, por séculos, a humanidade tivesse aprendido apenas a apreciar e consumir o sumo de uma fruta passada, com características sensoriais muito diferentes das que foram estabelecidas pelo COI, a partir de 1991, quando a análise organoléptica foi instituída oficialmente.

Marcello Scoccia, diretor da ONAOO, a mais antiga escola de formação profissional de provadores de azeite, conta que a instituição foi criada em 1983 em Imperia, na Liguria, onde se localiza um importante porto italiano, pois ali desembarcava um grande volume de azeite, vindo de todo o Mediterrâneo. A grande indústria de refino e envasamento se estabeleceu na cidade nos anos 1960, origem do conhecimento dos grandes *master blenders* italianos, que elaboravam *blends* sem se preocupar se os azeites tinham atributos positivos ou negativos. Buscava-se apenas um equilíbrio de acordo com o gosto apreciado tradicionalmente, entre intenso e suave.

Azeites lampantes eram ali refinados, enriquecidos com azeites virgens e exportados para todo o mundo. Segundo Scoccia, até os dias de hoje, na Turquia se costuma chamar azeites refinados por processo químico de azeite de Riviera, justamente por Imperia ser um conhecido balneário na costa do Mediterrâneo, localizada a 40 km da fronteira com a França.

O que protagonizamos hoje, e este livro pretende mostrar, é uma profunda transformação cultural que ocorre em todo o mundo, na qual o Brasil tem se mostrado pioneiro no entendimento e na absorção das mudanças empreendidas. Não é uma questão de gosto, de parâmetros preestabelecidos, trata-se de um conhecimento científico mais aprofundado, por meio do qual se comprova que o novo azeite, com toda sua característica de frescor, é um alimento muito rico nutricionalmente, para além da composição por ácidos graxos, assunto específico do Capítulo 4, em que a maior concentração de bioativos antioxidantes pode ser reconhecida organolepticamente em notas de frutados mais intensos com amargos e picantes equilibrados.

Não se trata, portanto, de uma imposição de gosto ou da invenção de parâmetros de qualidade. A revolução em curso é decorrente do maior conhecimento científico e tecnológico que fez surgir um novo azeite! Respeitando-se todas as relações afetivas e culturais formadas no decorrer de séculos, segundo as quais o gosto é fator preponderante, não podemos nos negar à evolução que produz um alimento de maior valor, o qual não deve se contrapor ao que está estabelecido, mas, sim, somar para criar uma nova cultura.

Hoje, 64 países no mundo produzem azeite e mais de 180 nações e territórios consomem esse ouro líquido de qualidade inigualável. Um ingrediente nobre que une toda a humanidade. Uso bastante em meu trabalho como elemento de resgate de nossas percepções sensoriais, o que confere novos significados tanto ao ato de cozinhar como ao próprio ato de comer em torno à mesa.

O azeite une sabores no prato, reúne saberes ancestrais e seus significados são vastos e profundos, pois é um alimento que está na raiz da formação de nossa civilização. A proposta é apresentar a formação do novo gosto para azeites extravirgens, respeitando a cultura dos povos que tradicionalmente os consomem há séculos, sem deixar de ensinar-lhes os novos parâmetros. Essa formação não é simples! Ela exige desconstruções de memórias afetivas consolidadas e, por isso, países como o Brasil saem na frente justamente por não ter tradições, ser novo na produção e estar muito aberto às novidades.

Sigamos por essa estrada, afinal somos o que comemos!

PRODUÇÕES MUNDIAL E BRASILEIRA

Sul

Os dados aqui apresentados visam traçar um paralelo entre a atual produção mundial e a importação brasileira, com os números da produção no Brasil desde 2008, estimativas do Ministério da Agricultura. Os números brasileiros foram reunidos com base em dados estaduais, considerando os esparsos cultivos nos estados da

Bahia, Espírito Santo, Rio de Janeiro, Paraná e Santa Catarina e as maiores áreas localizadas no sul de Minas Gerais, norte de São Paulo e, principalmente, no Rio Grande do Sul, estado que concentra o maior número de hectares cultivados.

Embora, ano a ano, seja crescente a área de cultivo, os desafios impostos pelo clima e por solos inadequados são muitos. Isso causa o abandono de alguns olivais em locais pouco próprios e a adoção de novas regiões por meio do conhecimento e das experiências que vêm se somando nas últimas décadas, em cooperação com instituições de pesquisas nacionais e internacionais.

Não há dados oficiais sobre a produção total do país. O estado do Rio Grande do Sul é o que apresenta números com mais precisão, pois os reúne por meio da Secretaria da Agricultura, Pecuária e Desenvolvimento Rural, pelo Departamento de Diagnóstico e Pesquisa Agropecuária. Uma vez que o estado produz cerca de 80% do azeite do país, os números aqui apresentados representam a produção nacional, somados aos dados regionais de Minas Gerais e São Paulo.

Por condições climáticas mais propícias, é no Rio Grande do Sul que se dá a maior expansão em área cultivada no país. A formação de grupos técnicos, câmara setorial e programas de olivicultura, bem como a estruturação e criação do Ibraoliva tornam evidentes o protagonismo da região, onde estão 321 olivicultores em 110 municípios, com 5.986 hectares de área cultivada total, segundo o Cadastro Olivícola do Rio Grande do Sul 2022. Comparados ao levantamento de dados de 2017, esses números cresceram 72% em média. Naquele ano, eram apenas 3.465 hectares, 145 produtores em 56 municípios. Em consequência, o volume de azeite produzido no estado naquele ano cresceu 700%: 57,9 mil em 2017 contra 448,5 mil litros em 2022. O número de marcas saltou de 17 para 70.

A região cultiva 18 variedades, entre as quais 5 são predominantes: Arbequina, Koroneiki, Picual, Arbosana e Frantoio. Azeites de excelência estão sendo elaborados no Rio Grande do Sul! Em seus meses de frescor, são extravirgens que se caracterizam por frutados verdes médios e intensos, complexidade herbácea e notas de frutado que expressam o território e harmonizam perfeitamente com as comidas regionais, onde proteínas animais e legumes grelhados prevalecem na dieta, arrozes condimentados, embutidos, defumados, saladas. Como resultado, muitas marcas da região amealharam nos últimos anos centenas de prêmios em concursos internacionais: Prosperato, Sabiá, Estância das Oliveiras, Olivas do Sul, Batalha, Lagar H, Casa Marchio, Bem-te-vi, Casa Albornoz, Capoliva, Ouro de Santana são apenas alguns dos muitos nomes que vêm se sobressaindo ano a ano.

Sudeste

Embora a Mantiqueira Paulista e Mineira concentre grande parte do polo produtivo no Sudeste brasileiro, desde o ano passado o Espírito Santo começa a despontar como importante estado produtor. O Instituto Capixaba de Pesquisa, Assistência Técnica e Extensão Rural (Incaper) iniciou o projeto de olivicultura no estado em 2012, com a implantação de uma Unidade de Observação em Caldeirão, no município de Santa Teresa. Com a expansão em 2015, hoje o cultivo está difundido em 17 municípios na Região Serrana, com 300 hectares de área cultivada entre 150 produtores. A Associação dos Olivicultores do Estado do Espírito Santo, criada em 4 de setembro de 2018, soma esforços com o Incaper, com foco na produção de extravirgens de qualidade, potencializando o desenvolvimento do agroturismo no município, onde a olivicultura coexiste com outras atividades agrícolas. Embora o primeiro azeite capixaba tenha sido extraído em 2018 em terras mineiras, foi em 2022 que ele foi cultivado e elaborado integralmente no estado, segundo o site da própria instituição, vinculada à Secretaria de Estado da Agricultura, Abastecimento, Aquicultura e Pesca.

Na região da Mantiqueira, majoritariamente mineira, paulista e ínfima parte fluminense, concentra-se o maior percentual da produção sudestina. Não há um ponto de convergência nessa região, como uma câmara setorial que reúna as informações. A Associação dos Olivicultores dos Contrafortes da Mantiqueira (Assoolive), criada em 2019, reúne 35 produtores de um universo estimado de 200 para toda a região, segundo Luiz Fernando Oliveira, da Epamig.

De acordo com a Epamig, há de 2 mil a 3 mil hectares cultivados em 80 municípios, dos quais 65% no estado de Minas Gerais, com Maria da Fé, Aiuruoca, Poços de Caldas, Gonçalves, Delfim Moreira, Andrelândia, Itanhandu, Monte Verde e Baependi como municípios mineiros em destaque. Santo Antônio do Pinhal, São Bento do Sapucaí e São Sebastião da Grama são os principais municípios paulistas.

As principais variedades cultivadas são: Arbequina, Grappolo 541, Grappolo 575, Koroneiki, Maria da Fé, Ascolano 315, Manzanilla, Picual, Coratina e Frantoio. Até hoje, os únicos cultivares brasileiros registrados no Ministério da Agricultura foram desenvolvidos pela Epamig. São 8 variedades no total.

Entre Minas Gerais e São Paulo, há o registro de 28 máquinas extratoras, cerca de 80 marcas comerciais. Em 2022, produziram cerca de 120 mil litros, 48 mil no estado de São Paulo.

Associações e instituições estão se unindo e reunindo a cada ano para promover ações e atividades de difusão, sejam culturais, sejam de conhecimento tecnológico. A Epamig foi pioneira ao instituir o Dia de Campo de Olivicultura, mostra tecnológica em sua 18ª edição e que, agora, compõe a Azeitech, em sua 3ª edição em 2023.

Embora a produção seja menor, a qualidade do azeite da Mantiqueira é de excelência em sua grande maioria. Embora já tenha degustado dois azeites da serra capixaba, ambos de qualidade, considero uma amostragem pequena para expressar qualquer impressão maior.

A Mantiqueira é composta de um mosaico de microclimas. O próprio termo "contrafortes" já descreve: "(...) ramificações laterais, normalmente localizadas no lado oposto àquele onde se encontra a porção mais íngreme de uma cadeia de montanhas." Com uma multiplicidade de condições, são extravirgens que expressam frutados com complexidade, nos quais majoritariamente alternam-se notas verdes, maduras e florais, com sabores mais delicados e que harmonizam à perfeição com peixes de água doce, carnes de panela, arrozes e os famosos doces da região. Inúmeras marcas receberam dezenas de prêmios nos últimos anos.

	2014/2015	2015/2016	2016/2017	2017/2018	2018/2019	2019/2020	Average	%Variation Rates
Australia	22823	26850	29624	31699	32315	36558	29978	13.1
Brazil	67778	50649	60140	76817	86362	104179	74321	20.6
Canada	38917	41893	40736	47967	47141	58236	45815	23.5
China	35898	40281	45822	42198	48986	55580	44794	13.5
Japan	61904	56738	56884	57166	70640	72038	62561	2
Russia	23346	24201	24328	25299	28657	32334	26361	12.8
USA	311174	331370	316759	322199	356183	396919	339100	11.4
Extra-EU	241822	116897	110800	204777	178784	268990	187011	50.5
Total	803663	688878	685091	808121	849068	1024835	809940	20.7

Principais países importadores de azeite. Fonte: internationaloliveoil.org.

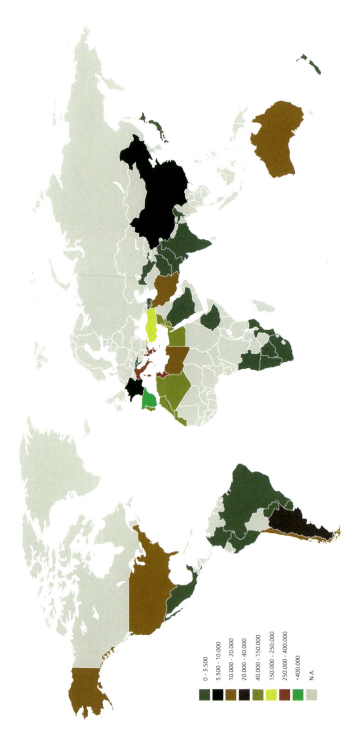

Importação de azeite de oliva no Brasil. Fonte: internationaloliveoil.org.

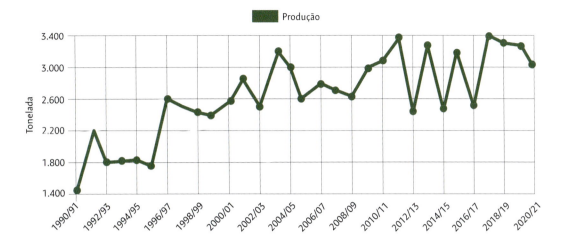

Produção mundial de azeite de oliva. Fonte: internationaloliveoil.org.

2008	2009	2010	2011	2012	2013	2014	2015
40 litros	200 litros	1.000 litros	6.800 litros	25.000 litros	12.000 litros	43.000 litros	36.000 litros
2016	2017	2018	2019	2020	2021	2022	
42.000 litros	107.000 litros	140.000 litros	220.000 litros	98.000 litros	280.000 litros	570.000 litros	

Produção no Brasil desde 2008 (números somados entre dados da Secretaria da Agricultura do Estado do Rio Grande do Sul e dados da Assoolive – MG e SP)

2 FATORES QUE INFLUENCIAM NA QUALIDADE DOS AZEITES DE OLIVA VIRGENS

FATORES AGRONÔMICOS

Azeitona

Drupa de diversos tamanhos, o fruto da oliveira, a azeitona, muda conforme a variedade, a natureza dos solos, a climatologia, as condições do solo, as práticas culturais etc. A azeitona tem três tecidos principais:

Epicarpo: é o tecido superficial que serve de invólucro; representa entre 2% e 2,5% do peso do fruto. Sua cor evolui durante o amadurecimento, do verde pálido ao enegrecido, passando por diferentes colorações vermelho-violáceas.

Mesocarpo: é a polpa ou parte carnosa da azeitona; representa entre 70% e 80% do peso do fruto e tem alto teor de gordura.

Endocarpo ou osso: nele está a semente com o embrião; representa entre 15% e 23% do peso da azeitona. O conjunto desses três tecidos é denominado pericarpo.

A composição geral aproximada da fruta é a seguinte:

Água – 50%

Azeite – 22%

Açúcares – 19,1%

Celulose – 5,8%

Proteínas – 1,6%

Cinzas – 1,5%

A água representa 50%-60% do peso da polpa, 30% da semente e 9% do osso. O azeite representa 20%-30% da polpa, 27% da semente e 1% do osso. Entre os açúcares, destacam-se em importância a glicose, a frutose e a sacarose, e entre os polissacarídeos, a celulose, a lignina e a hemicelulose. Quanto às proteínas, o aminoácido mais importante que passa a fazer parte delas é a arginina. Outros componentes importantes da polpa são os compostos fenólicos que variam de 1% a 3%.

Maturação das azeitonas

Da fecundação ao amadurecimento, o fruto passa por uma série de estágios em que ocorrem vários fenômenos simultâneos, dependentes um do outro ao longo do tempo, mas nem sempre diretamente relacionados entre si. O crescimento das azeitonas inicia na fertilização do óvulo e vai até a maturidade negra, com diferentes fases de maior ou menor duração, dependendo da variedade e do clima.

Após a fertilização, ocorre um rápido processo de divisão celular, observável após 10-15 dias. Nessa primeira fase, a divisão celular da maioria dos tecidos presentes na azeitona é finalizada. A segunda fase caracteriza-se por ser um período em que o crescimento do fruto desacelera, o embrião e o endocarpo atingem o tamanho final, terminando o endurecimento do osso.

A terceira fase caracteriza-se pelo rápido crescimento do fruto em razão do alargamento das células do mesocarpo, que determina o tamanho do endocarpo e, dentro dele, o embrião alcança o tamanho final. Essa fase acaba quando os frutos sofrem as primeiras mudanças na pigmentação.

Nessa fase, começam a se formar pequenas gotas de azeite que se fundem e dão origem a outras maiores, as quais se acumulam nos vacúolos. Diversos estudos acompanharam esse processo em oliveiras de diferentes cultivares, que vegetaram sem deficiência de umidade. Em todos os casos, verificou-se um comportamento semelhante: o azeite acumulou-se linearmente até a pigmentação externa total das azeitonas.

Quando há escassez de água, a taxa de lipogênese diminui ou cessa e perde-se o caráter linear do aumento de azeite, comum em plantações de sequeiro. Quando os efeitos da seca são benignos, os frutos podem ser repostos quando os níveis de umidade se recuperam após chuvas ou irrigação, embora a produção seja menor, dependendo da duração do período de estresse. Isso também influi no tamanho dos frutos, nas reservas nutricionais e na carga de colheita das oliveiras.

Ao definir o momento da colheita, deve-se focalizar a obtenção de maior quantidade de azeite compatível com a mais alta qualidade, priorizar a redução de efeitos negativos na oliveira e em colheitas futuras, e buscar a moderação do custo econômico desse processo.

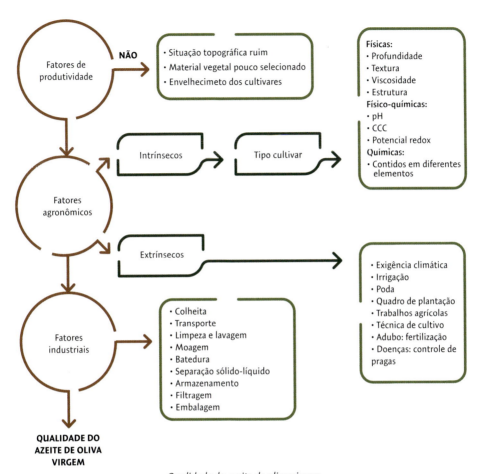

Qualidade do azeite de oliva virgem

Os fatores agronômicos têm impacto marcante na qualidade dos azeites, pois afetam diretamente a azeitona. Podemos classificá-los em:

Fatores intrínsecos: dificilmente podem ser modificados. Entre eles estão a variedade e o ambiente agroecológico.

Fatores extrínsecos: podem ser controlados com relativa facilidade pelo próprio agricultor. Aqui estão incluídos as técnicas culturais, os tratamentos fitossanitários, a colheita e o transporte.

Fatores intrínsecos

Em condições normais, nem a variedade nem o ambiente agroecológico têm influência clara na qualidade regulamentada. Quaisquer variedade e meio podem fornecer azeites classificados na categoria extravirgem, desde que eles sejam provenientes de azeitonas sãs, colhidas no tempo ideal e devidamente processadas.

Meio agroecológico

O meio agroecológico tem pouca influência na qualidade regulamentada medida por: índice de acidez, índice de peróxidos, características organolépticas e transmissão ultravioleta a 270 nm ou k_{270}. Outro tipo de qualidade pode variar, como a diferença no teor de polifenóis e nos parâmetros relacionados a eles, k_{225} e a estabilidade.

O ambiente agroecológico influencia no amadurecimento do fruto, o que significa azeites com diferentes características sensoriais. Se o ambiente onde se desenvolve o olival tiver uma pluviometria nos momentos críticos de amadurecimento dos frutos, obteremos frutos cujo tamanho proporcionará azeites mais complexos e equilibrados, bem como maior teor de gordura.

Variedade

A variedade não influencia nos índices de acidez e de peróxidos, pois eles se devem a alterações induzidas por fatores externos, como práticas culturais, tratamentos fitossanitários, processo de fabricação, armazenamento e conservação. Portanto, pode-se obter azeites de qualidade extra de qualquer variedade.

O próprio k_{270} é influenciado pela variedade em razão da coloração diferente dos azeites (cores diferentes dependem da variedade). Tanto a composição ácida como o teor de polifenóis dos azeites são fundamentalmente influenciados pela variedade, com diferenças notáveis no teor de alguns ácidos graxos, principalmente o oleico.

No mundo, existem mais de duas mil variedades de azeitona. As principais áreas produtoras têm uma variedade dominante. Neste livro, reunimos as mais difundidas pela aptidão para produzir azeite e destacamos não as características de interesse agronômico ou tecnológico – cuja bibliografia é vasta –, mas, sim, fazemos uma breve descrição das características de seus azeites.

Picual – Distribui-se principalmente na região da Andaluzia (Espanha), embora tenha se espalhado por todas as áreas onde o olival se expandiu nos últimos anos, como o Brasil. É a variedade mais abundante, com uma área de mais de 700 mil hectares em produção na Espanha atualmente. Seu azeite é muito apreciado em razão da alta estabilidade (resistência à oxidação), do alto teor de polifenóis e alto percentual de ácido oleico. Sensorialmente, são azeites de grande personalidade, encorpados e com elevada pontuação de frutado de azeitona verde. No sabor, é possível apreciar folha de oliveira, alcachofra, casca de banana verde, folha de figueira, frutos secos, com ligeira picância e amargor, que se intensificam quando os frutos sofrem estresse hídrico.

Arbequina – É a variedade característica da Catalunha (Espanha). Seu tamanho reduzido e sua entrada precoce em produção a tornam especialmente adequada para novas plantações superintensivas e cultivo mecanizado, razão pela qual se espalhou amplamente pelas áreas produtoras. Seu azeite é bastante frutado, com um frutado de azeitonas e outros frutos, entre os quais se destacam a banana, a maçã, a pera e a amêndoa; é fluido, doce e com amargor e picância quase imperceptíveis. Tem baixa estabilidade e alta porcentagem de linoleico.

Hojiblanca – Conhecida também por lucentina, é uma variedade de azeitona apreciada pela boa qualidade da polpa e elevada rusticidade. Apresenta excelente resistência à seca, adapta-se bem a solos calcários e tolera o frio do inverno. Tem dupla aptidão: é utilizada tanto para produzir azeitonas de mesa quanto azeite de oliva. Os azeites de colheita precoce são muito frutados, verdes, herbáceos, com amargor bem leve e picância um pouco mais intensa.

Arbosana – Seu vigor reduzido e alta produtividade a tornam adequada para o plantio de cercas vivas. Com produtividade muito próxima ou até superior à da Arbequina, é muito precoce e produtiva, tornando-se uma variedade interessante para regiões onde o frio não é um problema. Seu azeite é muito frutado, com frutado de azeitonas e outros frutos, entre os quais se destacam a banana, a maçã, a pera e a amêndoa; é fluido, doce e com amargor e picância quase imperceptíveis.

Coratina – Original da província italiana de Apúlia (Puglia), onde é uma das principais variedades. Por suas boas características, a oliveira Coratina adapta-se bem a diferentes zonas, mantendo elevadas produções de azeite de oliva. É muito precoce e tem produção elevada. Seu azeite é de altíssima qualidade, muito frutado. Na boca, percebem-se aromas de casca de amêndoa, erva fresca e alcachofra, com picância intensa e retrogosto amargo de alta intensidade. Apesar das boas características, a variedade mal se espalhou para outras partes do mundo.

Koroneiki – É a variedade mais presente na Grécia. A oliveira Koroneiki destaca-se pela boa adaptação a terrenos áridos. Embora o maior interesse pela variedade se deva à sua boa adaptação, ao cultivo superintensivo, ela é precoce e tem alta capacidade produtiva. O azeite é frutado e dele sobressai o aroma de maçã, amêndoa, banana e erva verde. É doce, com ligeiro amargor e um picante compensado.

Fatores extrínsecos

Técnicas culturais

As técnicas culturais têm influência marcante na produção de árvores e, consequentemente, na quantidade de azeite produzido. A poda e a fertilização não impactam diretamente na qualidade regulada dos azeites, mas verifica-se que maior exposição à luz tem influência direta tanto na maturação dos frutos quanto nas características organolépticas dos azeites.

Irrigação

A irrigação influencia positivamente na composição e nas características organolépticas do azeite de oliva. Com sistemas de irrigação localizada, as perdas do solo por evaporação e o estresse causado pela adsorção são menores, isso favorece mais o uso de água com certo teor de sais que em outros sistemas.

A maturação de azeitonas da variedade Picual é diferente em um cultivar de irrigação ou de sequeiro, bem como a evolução dos parâmetros físico-químicos do azeite proveniente deles. Por isso, é necessário determinar em que momento o azeite do fruto se formou e que ele seja de máxima qualidade nos diferentes cultivares. Estudos mostram a relação dos atributos frutado, amargo e picante com a água de irrigação. Tais atributos são mais intensos em azeites de cultivo de sequeiro.

A estabilidade também diminui com o aumento da dose de irrigação aplicada. A água serve de diluente para ácidos orgânicos, taninos, oleuropeína e outros componentes do fruto solúveis em água, por isso o amargor dos azeites de olival de regadio é menor. A falta de água, em épocas de seca, pode causar déficit hídrico, o que torna os azeites excessivamente amargos e um pouco adstringentes.

Controle de pragas e de enfermidades

O controle de pragas e doenças é decisivo para a obtenção de azeites de qualidade. Entre as pragas que podem causar danos significativos à qualidade, destaca-se a mosca da oliveira, *Dacus oleae Bern*, e entre as doenças, o *Gloesporium*. Em menor grau, o repilo ou *Spilocaea oleagina*.

A influência da mosca *Dacus oleae Bern* na qualidade do azeite é indireta. O aumento da acidez e a deterioração das características organolépticas não se deve ao ataque da mosca em si, mas, sim, à ruptura que provoca na epiderme do fruto, favorecendo a implantação de um complexo de microrganismos patogênicos.

As larvas provenientes dos ovos da mosca alimentam-se da polpa da azeitona, formando uma série de galerias por onde depois saem os adultos. Esses orifícios, tanto o de picada (postura) quanto fundamentalmente o de saída do adulto, serão via de entrada de fungos e microrganismos que se desenvolvem no interior das galerias. Isso provoca a deterioração do fruto e afeta negativamente a qualidade do azeite.

Dacus oleae Bern

Atualmente, o combate a essa praga é feito com inseticidas químicos convencionais, geralmente com uso de iscas. O feromônio sexual da mosca da oliveira é utilizado como atrativo, além do inseticida que as elimina. Assim, obtém-se maior eficácia com menor quantidade de produto. Os meios de controle biológico hoje em dia são maiores, como a liberação de machos previamente esterilizados (os ovos postos pelas fêmeas são estéreis, diminuindo a população) ou a liberação massiva de insetos inimigos de *Dacus*.

Conhecido por antracnose, o *Colletotrichum gloeosporioides* (antes denominado *Gloesporium olivarum Aim*.) é um fungo que ataca principalmente o fruto, embora em algumas ocasiões também possa aparecer em folhas, madeira e brotos. Ele afeta diretamente a qualidade, ocasionando azeites com cores avermelhadas e alta acidez, que aumenta linearmente conforme a porcentagem de frutos atacados. Trata-se de um dano típico de climas chuvosos, pois para se desenvolver o fungo precisa de umidade relativa superior a 90% e temperatura em torno de 25 °C. A germinação do fungo é muito rápida e pode completar seu ciclo em, no máximo, 10 dias se em condições ótimas.

Antracnose

O repilo, *Spilocaea (Cycloconium) oleagina*, é uma doença produzida pelo fungo *Cycloconium oleaginum* e é considerada a micose da oliveira mais difundida em todos os países olivicultores. A grande consequência é o intenso desfolhamento das árvores, com o enfraquecimento e a diminuição da produtividade. O fungo sobrevive em condições desfavoráveis para seu desenvolvimento, nas folhas caídas e nas folhas afetadas que permanecem na árvore, e pode propagar a doença ao longo do ano. Ele necessita de água livre e de temperatura ótima em torno de 20 °C.

Em geral, todas as pragas facilitam em maior ou menor grau a queda do fruto antes da maturação. Isso causa graves consequências econômicas, tanto por perda de colheita quanto por deterioração da qualidade.

Repilo

Novas práticas culturais

As novas práticas culturais estão voltadas para o uso racional de produtos e tratamentos químicos, tanto para combater pragas e ervas daninhas quanto para frear a degradação dos ecossistemas e reduzir a erosão do solo, principalmente em terrenos inclinados.

A produção integrada e a produção ecológica são os modelos de produção que melhor atendem aos requisitos ambientais:

Produção integrada – É o sistema agrícola de obtenção de alimentos e outros produtos derivados que otimiza os recursos e os mecanismos naturais de produção. Isso garante uma agricultura sustentável a longo prazo por meio da introdução de métodos de controle biológico, químicos e outras técnicas que compatibilizam as exigências da sociedade, a proteção ao ambiente e a produtividade agrícola, bem como as operações de manipulação, embalagem, transformação e rotulagem de produtos vegetais abrangidos pelo sistema. Esse tipo de produção visa conservar os recursos hídricos e genéticos, utilizar racionalmente os insumos (energéticos, fitossanitários, fertilização), administrar adequadamente os resíduos e melhorar a segurança e a higiene dos trabalhadores e da população rural.

A Organização das Nações Unidas para a Alimentação e a Agricultura (FAO) definiu produção integrada, em 1967, como:

> o sistema de proteção contra os inimigos das culturas que, tendo em conta a dinâmica das populações das espécies consideradas, utiliza todos os meios e técnicas adequadas, da forma mais compatível possível, a fim de manter as populações de pragas em um nível suficientemente baixo para que as perdas causadas sejam economicamente toleráveis.

No que diz respeito à autorização das identificações e certificações de garantia, existem mecanismos adequados de gestão e controle dessas produções por meio de organismos de certificação independentes, devidamente autorizados, que garantam sua rastreabilidade.

Produção ecológica – Também denominada biológica ou orgânica, a produção ecológica é um sistema de gestão e produção agroalimentar que combina as melhores práticas ambientais com um elevado nível de biodiversidade e preservação dos recursos naturais, bem como a aplicação de exigentes normas de bem-estar animal. Esse método de produção dispensa o uso de substâncias químicas sintéticas, como pesticidas, fertilizantes e aditivos, com o objetivo de obter alimentos naturais e saudáveis, preservando todas as propriedades nutricionais e, ao mesmo tempo, minimizar os efeitos negativos sobre o meio ambiente.

Nos países membros da Comunidade Econômica Europeia (CEE), a produção orgânica é regulada por rígidas normas da União Europeia (UE), que incluem requisitos em termos de produção vegetal e animal, assim como de inspeção, certificação e rotulagem. Os alimentos ecológicos estão sujeitos a controles adicionais, efetuados por entidades certificadoras autorizadas.

Como distintivo para que o consumidor possa reconhecer os produtos ecológicos, todas as unidades embaladas devem ostentar o logotipo da UE e o código numérico da entidade de controle de que depende o operador responsável pelo produto ecológico, bem como a própria marca e os termos específicos de produção ecológica.

Colheita

A colheita é uma das operações mais importantes na olivicultura, pois afeta a quantidade e a qualidade do azeite, o custo de produção e o volume da colheita seguinte. A colheita da azeitona também influencia a economia da exploração da oliveira, já que consome 75%-80% das despesas totais do olival ao longo de uma campanha.

O momento ideal para fazer a coleta seria o que melhor contemplasse o alcance dos seguintes objetivos:

- As azeitonas devem conter a maior quantidade de azeite.
- O azeite obtido deve ser da mais alta qualidade.
- O custo da colheita será o mais econômico possível.
- Os danos sofridos pela oliveira durante a colheita devem ser mínimos e não prejudicar a colheita seguinte.

Para se obter um azeite de qualidade, existem três aspectos que devem ser considerados na hora de colher o fruto: a época, a origem do fruto e a forma ou método de colheita.

A época da colheita influencia diretamente na composição dos azeites e em suas características sensoriais. O teor de polifenóis muda ao longo do amadurecimento e segue uma curva de segundo grau com um máximo que geralmente coincide com o momento em que a quantidade máxima de azeite é alcançada no fruto.

Essas modificações no teor total de polifenóis afetam as características sensoriais dos azeites. À medida que o fruto amadurece, obtém-se aromas mais suaves, pois ele perde parte de sua fragrância, e azeites mais suaves ao paladar, desde que a fruta seja sã e proveniente da árvore. A cor dos azeites também sofre alterações conforme a época da colheita da azeitona. No início, apresentam cor verde, de tonalidades diferentes de acordo com a variedade, passando para o amarelo-ouro com o decorrer da colheita, consequência da diminuição progressiva da relação clorofila/caroteno.

Um fato consubstancial com o atraso da colheita é a queda natural do fruto, potencializada pelos ventos e mais ou menos acentuada conforme a variedade. O fruto no solo sofre uma série de alterações que deterioram a qualidade dos azeites: a acidez aumenta à medida que aumenta o período de permanência no solo, como é possível observar no gráfico a seguir, obtido de estudos no Centro de Cabra:

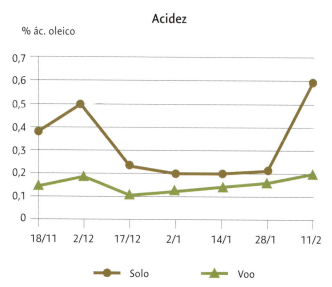

Relatório sobre o Projeto de Melhoria da Qualidade do Azeite de Oliva nas Regiões da Serra e Valle de los Pedroches, Campiña e Penibética da Província de Córdoba.

A qualidade organoléptica também é afetada: enquanto o azeite da árvore tem pontuação extravirgem, com grande fragrância e atributos marcantes, o azeite do solo deteriora-se a uma pontuação de lampante, com graves defeitos induzidos – avinagrado, fermentado, mofado-úmido e terra. Tudo isso o torna impróprio para consumo direto e deve passar por retificação por refino.

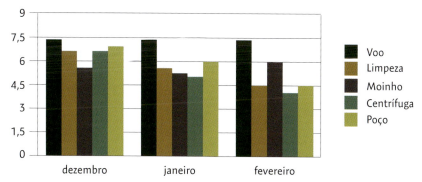

Relatório sobre o Projeto de Melhoria da Qualidade do Azeite de Oliva nas Regiões da Serra e Valle de los Pedroches, Campiña e Penibética da Província de Córdoba.

O problema da colheita precoce para os agricultores é a crença de que os rendimentos gordurosos melhoram à medida que a campanha avança. Estudos do Centro Ifapa em Cabra sobre o tema mostraram que "a quantidade de azeite contida na azeitona em amadurecimento permanece constante até o final da temporada". O peso da azeitona varia com a quantidade de água contida no fruto, e não com a quantidade de azeite, por isso é aconselhável medir o rendimento do azeite em matéria seca (CAS), em vez de em matéria úmida (CAH), como se costuma medir, já que o teor de água distorce os resultados.

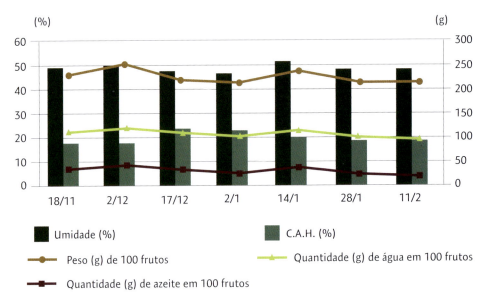

Relatório sobre o Projeto de Melhoria da Qualidade do Azeite de Oliva nas Regiões da Serra e Valle de los Pedroches, Campiña e Penibética da Província de Córdoba.

O teor de azeite no fruto aumenta com a maturação até atingir um máximo que deve coincidir com o início da campanha, pois a partir desse momento a quantidade de azeite na azeitona mantém-se constante.

Entre os sistemas de colheita, deve-se escolher o que menos causa ruptura no fruto, pois as rupturas na epiderme da azeitona serão fonte de penetração de fungos, os quais deterioram o azeite e facilitam a perda de gordura na lavagem. Por outro lado, além de cuidar do fruto, também se deve pensar na saúde da oliveira ao escolher um sistema de colheita:

Ordenha – É o método ideal, pois a azeitona não sofre danos. É utilizado na colheita de azeitonas de mesa, embora o elevado custo torne a utilização cada vez menor.

Vareio – É o método mais agressivo por causar danos consideráveis à árvore ao desprender grande quantidade de ramos e tenros rebentos, que produziriam azeitonas na campanha seguinte. Quando forem utilizadas lonas ou fardos, deve-se ter cuidado para não pisar nos frutos já caídos durante a colheita.

Para reduzir os custos de coleta, costuma-se "fazer as rodas": alisar e compactar o solo ao redor da oliveira aplicando herbicidas para suprimir as ervas daninhas. Uma vez que as ervas daninhas tenham sido mortas, os frutos são derrubados da árvore e coletados diretamente do solo. É uma prática negativa do ponto de vista da qualidade do azeite produzido, acrescido de outro problema: o excesso de herbicidas, e/ou aplicação indiscriminada, pode provocar o aparecimento de resíduos nos azeites.

Mecânico – É o método mais utilizado hoje em dia, já que diminui os custos de coleta. Além disso, os danos que ocasionam o vareio na derrubada dos frutos são reduzidos.

Vibrador

Vareio

Colheitadeira

Esses sistemas podem ser manuais ou de troncos, adaptando-se ao tamanho ou tipo de exploração.

Transporte

O transporte da azeitona para o lagar é a última das operações de campo a cargo do agricultor. O fruto deve chegar ao lagar o menos deteriorado possível. O sistema mais indicado é o transporte em caixas perfuradas, não muito cheias para evitar a quebra em razão do peso da própria azeitona, e em temperaturas superiores às recomendadas para obtenção de um excelente azeite de oliva extravirgem.

O transporte em sacos deve ser descartado, pois a pressão ali acumulada rompe os frutos e provoca a aceleração dos processos de fermentação. Como consequência, aumenta a acidez e provoca o demérito das características organolépticas.

O manejo adequado dos frutos do campo até o lagar é fundamental para a obtenção de azeites de qualidade. Quando frutos muito maduros são processados, deve-se ter extremo cuidado tanto na colheita quanto no transporte e armazenamento do fruto. A polpa mole favorece a quebra dos frutos, que causa mais facilmente hidrólise e fermentações, com a consequente perda de qualidade.

Assim que as azeitonas mudarem de cor, e já houver pretas entre muitas verdes, será conveniente apanhá-las à mão com calma, peneirá-las, limpá-las e levá-las cuidadosamente ao moinho.

FATORES INDUSTRIAIS

A indústria onde ocorrem os processos de elaboração denomina-se lagar. Ela é composta geralmente de áreas de atividades muito específicas e diferenciadas, com base no estado do produto que é manuseado ou produzido. De modo geral, os lagares têm quatro áreas.

A primeira área denomina-se recepção da azeitona. Ali ocorrem operações preliminares, que consistem em: recepção dos diversos lotes de azeitona dos olivicultores, classificando-os segundo a variedade, origem e estado sanitário; remoção de impurezas (limpeza/lavagem); controle de peso e amostragem e armazenamento dinâmico.

A segunda área é denominada corpo do lagar, onde se iniciam as operações de preparação da massa com base na transformação das azeitonas em massa integral por meio de moagem e a coalescência das fases líquidas por batimento. Nessa área, também ocorrem operações de extração com processos de separação sólido-líquido, nos quais, dependendo do sistema utilizado, são adicionados coadjuvantes de fabricação autorizados, obtém-se azeite virgem com rendimentos notáveis e produz-se o subproduto sólido bagaço.

Logo em seguida, é feita a separação líquido-líquido para eliminar do azeite os restos de impurezas sólidas e líquidas aquosas que normalmente escapam no processo anterior, assim obtém-se o azeite praticamente acabado, mas não final. Dependendo do sistema de extração, o efluente aquoso é denominado água de vegetação, água-ruça ou água de lavagem de azeite. As operações de decantação também são feitas nessa área.

A terceira área é o armazém ou bodega, onde é feita a acumulação dos diferentes lotes de azeite em depósitos de materiais inertes, classificados com base em parâmetros de qualidade. Neles ocorrem os processos de maturação, ligeira decantação e filtração, para posteriormente o azeite ser transferido para depósitos definitivos.

A quarta área é comum em lagares que engarrafam o azeite. É o local onde ocorre a preparação de blends, embalagem e armazenamento dos produtos acabados. Em todos os lagares, de modo geral, existe uma área onde são armazenados os subprodutos, bagaços e efluentes até a extração, transformação, purificação e eliminação.

Recepção, limpeza e armazenamento

As azeitonas devem chegar aos lagares em curto espaço de tempo. A recepção é feita com cuidado para evitar danos ao fruto durante o descarregamento. As azeitonas devem ser descarregadas em tegões em função da variedade, da origem e do estado sanitário em que se encontram. Os frutos que potencialmente possam proporcionar qualidade, ou seja, azeitonas sãs da árvore, devem seguir uma linha diferenciada desde a recepção até a moagem e o armazenamento do azeite. Em todas as instalações novas e reformadas, os tegões de recepção são feitos de aço inoxidável.

Os frutos devem ser moídos no menor tempo possível, sempre em até 24 horas após a coleta para evitar alterações que modifiquem a qualidade do azeite. Naturalmente, esse padrão essencial para a obtenção de azeite de qualidade no caso de frutos saudáveis também é importante para frutos com características mais pobres, pois o tempo de armazenamento é a principal causa da deterioração da qualidade dos azeites, já que ocasiona grave alteração dos caracteres organolépticos e acidez elevada.

Quando as azeitonas são armazenadas, verifica-se uma clara elevação de temperatura, maior nas camadas intermediárias (de 30 cm para 80 cm) que na camada superficial bem arejada ou nas camadas mais profundas, onde existem condições anaeróbicas.

A tabela a seguir mostra a temperatura atingida pelas azeitonas conforme a profundidade do celeiro:

Profundidade (cm)	Temperatura °C
0	22
10	38
30	45
50	42
80	45
120	32
150	32

A qualidade do azeite vai depender também da qualidade das azeitonas, das infraestruturas disponíveis no lagar, de seu desenho, bem como do cuidado e do controle durante o processo de produção.

O normal é que as azeitonas cheguem com alguma quantidade de impureza conforme o sistema de colheita, com a presença de folhas, caules, terra, pedras e algum objeto metálico. Para eliminar essas impurezas, são utilizados equipamentos denominados limpadores ou removedores de folhas e desengaçadores. Os primeiros são usados para pequenos volumes de azeitona e baseiam-se em um sistema de aspiração de ar colocado acima de uma correia transportadora por onde circulam as azeitonas. A aspiração absorve todas as impurezas menores que as azeitonas. Para eliminar as impurezas maiores, existem os desengaçadores, que são constituídos por um conjunto de hastes helicoidais rotativas, situadas a uma distância tal que possibilitem apenas a passagem de azeitonas e impurezas de tamanhos semelhantes ou menores. As azeitonas são recolhidas na parte inferior desse equipamento e as impurezas maiores são removidas pela parte superior.

Após o processo de limpeza das azeitonas, podem ser adotados dois critérios, dependendo da origem delas: se forem apenas da árvore, seu estado sanitário for satisfatório e não apresentarem lama, terra ou resíduos fitossanitários, podem passar diretamente ao processo de moagem. Se houver dúvidas sobre os problemas citados, ou se forem provenientes do solo, elas devem passar pelo processo de lavagem.

A operação de lavagem consiste em eliminar as impurezas solúveis ou que possam ficar em suspensão na água, ou que tenham densidade superior a elas. Para isso, utiliza-se um abundante jato de água em circuito fechado, que em alguns modelos é também acompanhado por borbulhas de ar.

Os equipamentos que fazem essa operação são denominados lavadores e geralmente apresentam tanque de água, com sistema de separação de impurezas maiores por decantação e eliminação contínua, bomba de recirculação de água e peneira vibratória ou cilindro giratório para separação da azeitona da água de lavagem.

Os frutos da árvore precisam ser limpos, mas não lavados. Os estudos do trabalho "Influência da lavagem dos frutos na qualidade do azeite de oliva extravirgem" mostram que não existe diferença significativa entre frutos lavados e não lavados durante toda a produção, nos parâmetros de qualidade regulados (acidez, índice de peróxidos, absorção ultravioleta (k_{232} e k_{270}), e nos sensoriais amargo, picante, doce, folha verde, grama verde, maçã, amêndoa e tomate).

As azeitonas que chegam ao lagar devem passar por um controle de qualidade que possibilite avaliar seus diferentes atributos, de certo modo isso exige maior cuidado dos olivicultores nas entregas. As determinações analíticas elementares mais úteis são: umidade, teor e acidez do azeite.

Preparação da massa

Moagem

A moagem quebra os tecidos que abrigam a matéria oleosa. Esse processo é necessário para romper as paredes celulares dos tecidos vegetais do fruto e, assim, liberar o azeite que ele contém. Deve ser feito do modo mais uniforme possível.

Os aspectos fundamentais a considerar na moagem são:

- **Uniformidade** – Assim, consegue-se maior eficiência no batido.
- **Grau de moagem** – Indica o tamanho médio das partes mais duras da massa.

    Dependendo do tipo de azeitona a ser processada, o grau de moagem deve ser regulado. Se a azeitona for do início da campanha, a textura deve ser fina, pois um grau de moagem excessivamente grosseiro não proporcionaria a quebra das azeitonas no ponto em que está a matéria oleosa, já que a textura da azeitona é dura. Se a azeitona estiver no meio, no final da campanha ou estiver gelada, o grau de moagem será maior, pois, como ela está mais macia, a moagem excessivamente fina poderia produzir sistemas coloidais e emulsões, fazendo surgir muita espuma nas peneiras. Isso pode alterar a qualidade organoléptica em razão do contato excessivo do azeite com a água da vegetação, além de causar a perda do alto teor de gordura dos "finos" nos bagaços.

- **Aeração** – Deve-se limitar ao máximo mediante a redução da superfície e do tempo de contato da massa com o ar, pois isso provoca o início da oxidação que torna o azeite rançoso.
- **Impureza** – É necessário evitar a incorporação de qualquer tipo de matéria estranha, inclusive vestígios metálicos, pois afetam as características organolépticas e atuam como catalisadores da oxidação do azeite.
- **Velocidade** – Quando está alta, provoca o aquecimento da massa, o que facilita as reações bioquímicas em detrimento da qualidade do azeite.

Existem vários tipos de moinho. Considerado o mais antigo, o de pedra é constituído por uma base circular de granito, sobre a qual se apoiam mós que rodam em torno do eixo central da base. Esses moinhos normalmente têm quatro mós e trituram por compressão e dilaceração em razão da diferença entre as superfícies dos rebolos e a da base. Esse tipo de moagem é muito apreciado pela facilidade na posterior separação do azeite e pela não formação de emulsões, já que a velocidade costuma ser de 12 a 14 rpm. Os inconvenientes são: o volume; a instalação e a falta de capacidade para áreas altamente produtivas, já que a produção máxima é de aproximadamente 2 t/h; a aeração da massa e a dificuldade de limpá-la e conservá-la.

Outro tipo de moinho é o triturador metálico de martelo. É o mais utilizado, principalmente em instalações de centrifugação. Embora perca em capacidade de extração em relação ao anterior, ganha em capacidade de moagem e facilidade de manuseio. Ele faz a retificação por impacto e fricção.

É constituído por uma câmara metálica cujo interior contém as partes ativas rotativas, composta de cruzeta com martelos ou lâminas e a peneira para regular o grau de moagem. Quando o interior não é em inox, incorporam-se vestígios metálicos na massa, por isso atualmente é construído totalmente em inox. Esses moinhos são alimentados pela parte central e moem as azeitonas por impacto no crivo, que é intercambiável dependendo do diâmetro dos furos para alcançar diferentes graus de moagem. Na maioria dos moinhos, ele é móvel e gira em direção oposta à dos martelos a fim de distribuir a área de impacto, reduzir o desgaste e criar um leve efeito de cisalhamento.

Moinho de pedra

A velocidade de rotação mais usual é de 3.000 rpm, mas há modelos com capacidades de trabalho entre, aproximadamente, 2.500 kg/h e 7.000 kg/h. Em razão do atrito, a velocidade costuma provocar aquecimento na massa que oscila entre 3 °C e 5 °C, emulsões em função do grau de umidade das azeitonas e leve aumento do nível de amargor.

Para amenizar em parte esses efeitos, foram construídos trituradores de martelo de duplo crivo com velocidade de giro de 1.500 rpm e outros em que o crivo é constituído por varetas, que consegue melhorar a textura, a temperatura final, ligeiramente o amargor e o consumo de energia.

Outros tipos de moinho mais inovadores são os moinhos de lâminas com acionamento de velocidade variável e controle de temperatura integrado. Essa integração proporciona uma boa preparação da massa antes da mistura e evita diferenças de temperatura de mais de 3 °C ou 4 °C durante a fase de moagem. Além disso, a velocidade ajustável das lâminas favorece o controle da quebra do caroço, minimizando a ativação das enzimas modificadoras nele contidas. Isso contribui para reduzir a transferência de altos níveis de atividade da peroxidase (amplamente presente nos caroços), que favorece a oxidação dos compostos fenólicos durante a fase de moagem.

Moinho de martelos

Moinho de lâminas

Batido

O processo de batido tem a missão de promover a movimentação das pequenas gotas de azeite e água quase liberadas pela moagem e facilitar sua união conforme a fase. Em geral, a massa moída é um meio em que, por sua complexidade constitucional, são produzidas interações físicas e biológicas capazes de modificar a textura da massa e, naturalmente, sua reologia. Isso ocorre em razão do desenvolvimento de membranas lipoproteicas que facilitam a formação de emulsões e, portanto, dificultam a separação das fases sólida-líquida e líquida-líquida.

Para alcançar o batido que se pretende na massa moída, são utilizados basicamente os seguintes efeitos: o movimento lento da massa para promover o encontro das gotas, a temperatura para reduzir a viscosidade e facilitar o movimento, e o tempo para que esses dois efeitos ocorram.

Como seria de esperar, esses efeitos são muito variáveis conforme o tipo de azeitona que se processa e da qualidade do azeite que ela contém. Normalmente, os fabricantes dos equipamentos definem o tipo e a velocidade das paletas e praticamente o tempo, com base na capacidade dos corpos de batido e no fluxo de trabalho do equipamento de separação sólido-líquido existente, deixando a decisão da temperatura para o responsável pela produção.

- **Velocidade das paletas**: se for excessiva, favorece as emulsões.
- **Temperatura**: é aconselhável trabalhar a temperaturas que não ultrapassem 21 °C a 30 °C na massa, pois essa temperatura é suficiente para facilitar a extração do azeite, reduzir sua viscosidade e favorecer a formação da fase oleosa. Temperaturas mais altas são prejudiciais, pois causam perda de aromas, redução de antioxidantes e formação de peróxidos. Diz-se extração a frio quando a temperatura da massa ao longo do processo não ultrapassa 27 °C.
- **Duração do batido**: deve ser longa o suficiente para atingir a maior percentagem possível de azeite solto, mas não excessivamente longa, uma vez que se verificam perdas de determinados componentes da fração insaponificável intimamente relacionados com as características organolépticas do azeite de oliva virgem.

Estudos mostram que, para obter rendimentos satisfatórios de azeite, o tempo de mistura não deve ser inferior a 45 minutos. Quanto ao teor de fenóis totais, aumenta em 15-45 minutos e diminui em 15-90 minutos. O tempo também é importante porque o contato do azeite com a massa aumenta a lipólise e a oxidação lipídica pelo aumento da atividade das lipases presentes na massa.

A batedeira é um equipamento constituído de um recipiente termorregulado por uma câmara de aquecimento, normalmente localizada na parede externa do recipiente, por onde circula água quente. No interior do recipiente, há um ou mais eixos com paletas, com velocidade fixa que pode estar entre 20 rpm e 30 rpm. Dependendo da localização do eixo das paletas, vertical ou horizontal, o misturador leva seu nome.

Batedeira

Para obter um bom batido, no qual se possa ter um bom controle do movimento, da temperatura e do tempo, é inviável utilizar batedeiras de grande capacidade em um só recipiente. Para evitar essa situação, são usadas batedeiras com vários recipientes ou corpos para que a massa passe em série por todos, em um mesmo plano horizontal ou sobrepostos. A capacidade dos corpos de batido industriais geralmente varia entre 150 e 3.500 kg/corpo. Em geral, são utilizadas batedeiras horizontais com vários corpos em aço inox e sistema de regulagem de temperatura que circula pela camisa que envolve cada corpo do misturador.

Às vezes, há no batido massas difíceis ou emulsionadas: são massas gelatinosas, de cor púrpura, que dificultam a extração. Por isso, é aconselhável diminuir o ritmo de moagem e, se não for suficiente, adicionar coadjuvantes autorizados, como o microtalco natural (MTN), que, adicionado no início do processo, transforma a textura, aumentando assim o rendimento da extração. De acordo com a dificuldade da massa, as doses utilizadas variam entre 1% e 3%. Se usado em excesso, o microtalco aumenta o teor de gordura do bagaço.

Separação de fases sólida-líquida

A separação das fases sólida e líquida é feita industrialmente por dois procedimentos: pressão e centrifugação. Em ambos os casos, uma extração parcial pode ser feita previamente.

Prensagem

A prensagem tem sido tradicionalmente o método mais utilizado para a extração de azeite. Desde as prensas de viga ou torre, em funcionamento em muitas áreas olivícolas nos anos 1930 e 1950, assistimos a uma verdadeira revolução industrial com o aparecimento primeiro da prensa hidráulica e, depois, da centrifugação de massa.

O funcionamento da prensa hidráulica tem como base o princípio de Pascal: "a pressão exercida sobre um líquido em qualquer recipiente é transmitida com igual intensidade a qualquer ponto nas paredes do recipiente". A massa preparada é colocada em camadas finas sobre discos de material filtrante denominados capachos, que são posicionados uns sobre os outros em um vagão e guiados por uma agulha central. Esse conjunto de vagão, agulha e capachos, com a carga de massa constitui o cargo, que é submetido a uma operação de prensagem. Trata-se, portanto, de um sistema descontínuo, com formação de carga, prensagem e decapagem.

O fluxo de azeite durante a prensagem é influenciado positivamente pela presença de um grau de umidade na massa e uma alta porcentagem de sólidos incompressíveis (osso), condições que facilitam a drenagem das fases líquidas por meio do bagaço. O líquido obtido nas prensas é uma mistura de 40% de azeite e 60% de água de vegetação, com determinada quantidade de matérias sólidas. Antes de separar os líquidos, os sólidos presentes no azeite devem ser eliminados, caso contrário eles se depositam no fundo dos poços de decantação, produzindo fermentações que prejudicam seriamente a qualidade e dificultam a separação das duas fases. Portanto, devem ser previstas peneiras vibratórias que retenham os sólidos antes da entrada nos poços.

Hoje, o sistema de prensa praticamente desapareceu, é utilizado apenas em alguns lagares, mais pelo valor sentimental que pela eficácia. Do ponto de vista da qualidade, é muito difícil limpar todos os materiais acessórios: capachos, tubos e material auxiliar, razão pela qual o odor típico aparece frequentemente nos azeites provenientes das prensas.

Prensa

Centrifugação

A centrifugação da massa de azeitona é a operação básica mais complexa e etapa em que ocorreram as maiores mudanças tecnológicas. Esse sistema de separação sólido-líquido baseia-se no efeito classificatório produzido pela força centrífuga, gerada por um rotor que roda a cerca de 3.000 rpm, sobre os constituintes da massa de azeitona batida. A máquina que efetua o processo denomina-se decantador centrífugo horizontal ou decanter. Ela consiste em um recipiente cilíndrico-cônico alongado dentro do qual existe um rotor oco, de formato semelhante e com aletas helicoidais. A diferença de velocidade de rotação entre o recipiente e o rotor (que gira em maior velocidade) expele os bagaços de uma extremidade da máquina, enquanto o azeite e a água da vegetação saem pela outra.

A força centrífuga é aquela que tende a separar um corpo submetido a rotação de seu eixo de rotação. É representado como o produto da massa pela aceleração. A aceleração é obtida multiplicando o raio de giração r pelo quadrado da velocidade angular w, portanto a força centrífuga é:

$$F = m \times r \times w^2$$

A massa de azeitona submetida a uma força centrífuga produzirá forças de intensidade diferente em função das densidades de seus três componentes – bagaço, água e azeite –, ocupando anéis diferentes quando sujeita a rotação. Os sólidos mais densos ocupam a parte externa. A água de vegetação, com densidade intermediária, será depositada em seguida. O azeite, de menor densidade, irá para a área mais próxima do eixo.

A distribuição da massa de azeitona dentro da centrífuga é a seguinte:

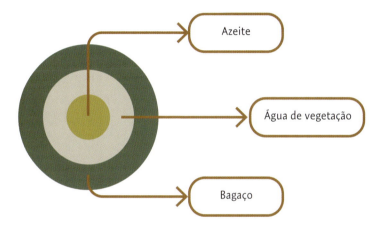

São conhecidos por sistemas contínuos porque tanto a injeção de massa quanto a separação das fases sólida e líquida são feitas continuamente.

A separação das duas ou três fases dependerá das oportunidades de saída que forem concedidas ao decantador.

Sistema contínuo de três fases: quando há duas saídas para líquidos e outra para sólidos. Assim, a fase líquida menos densa (azeite) é separada da mais densa (bagaço), e outra fase intermediária (água de vegetação). Nesse sistema, adiciona-se determinada quantidade de água morna à massa antes de ela ser depositada no decantador, a fim de fluidificá-la e obter uma melhor separação das fases líquida, azeite e água de vegetação. A adição de água quente aos decantadores, muito maior nos sistemas de três fases, provoca a diminuição do teor de polifenóis, aromas e iniciação de processos oxidativos. Por isso, deve-se adicionar apenas a água necessária, nunca em excesso; ela deve ser potável, não muito dura e estar a uma temperatura entre 25 °C e 35 °C.

Sistema contínuo de duas fases: quando o decantador tem apenas uma saída para líquidos (azeite) e a fase intermediária (água de vegetação) é desviada pela mesma saída para sólidos (bagaço). Esse equipamento geralmente não utiliza água adicionada e não produz água de vegetação, por isso essa fase líquida fica ocluída no bagaço. Com esse novo método, parte do efluente e sua carga poluente nos lagares são significativamente reduzidos, produzindo em troca um subproduto sólido com maior grau de umidade.

Os decantadores de duas fases têm contribuído para resolver o grave problema ambiental provocado pela descarga de água da própria oliveira, acrescido da grande quantidade de água acrescentada à entrada do decantador para obter uma separação eficaz. A alimentação da massa do misturador ao decantador, em ambos os sistemas, é feita por meio de bombas dosadoras, cujo fluxo deve ser regulado conforme o estado da massa.

Peneiragem

Os líquidos provenientes tanto das prensas quanto das centrífugas horizontais contêm uma quantidade de sólidos que devem ser separados por peneiramento para facilitar a separação das fases líquidas, principalmente em decantadores de três fases. Esses restos sólidos, além de dificultar a posterior separação de azeite--água de vegetação, por serem ricos em açúcares e substâncias proteicas, fermentam com muita facilidade, alterando as características sensoriais do azeite.

Separação de fases líquidas

Os líquidos obtidos na centrifugação e muito mais na prensagem necessitam de uma rápida separação da fase aquosa: água de vegetação e azeite limpo. Em sistemas contínuos, o processo é feito por centrifugação, e no sistema clássico, por centrifugação ou decantação.

Decantação

É o método clássico de separação de azeite e água de vegetação, com base na diferença de densidade entre os dois, já que a densidade do azeite é 916 kg/m³ e a da água varia entre 1.015 kg/m³ e 1.086 kg/m³. Por isso, após o tempo necessário, a água vai para o fundo do recipiente separador e o azeite fica na parte superior.

Esse sistema é utilizado principalmente em fábricas de prensas e consiste em uma bateria de contêineres conectados entre si, com alimentação contínua. Os principais fatores que condicionam a sedimentação são:

- **Temperatura** – Em razão da pequena diferença de densidade entre as fases, uma temperatura em torno de 20 °C é ideal para reduzir a viscosidade do azeite e facilitar a separação.
- **Tempo** – Uma vez separados da água de vegetação, para a correta perda de umidade e impurezas, o tempo de decantação dos azeites deve ser de, no mínimo, 24 horas.
- **Limpeza** – A limpeza deve ser cuidadosa para evitar perda de qualidade.

Decantador

Embora seja um sistema mais natural por possibilitar menor arejamento do azeite, esse método de separação apresenta uma série de inconvenientes, como o grande espaço ocupado pela bateria de decantadores e, sob o ponto de vista da qualidade, o excessivo tempo de contato entre a água de vegetação e o azeite (pelo menos 24 horas) para favorecer uma boa separação. Com um tempo de contato tão longo, o azeite pode adquirir aromas indesejáveis da água de vegetação. Outro problema grave é a grande dificuldade de mantê-los sempre limpos.

Decantadores

Centrifugação

Separação das fases por densidade, aumentando a gravidade com a centrifugação. É o mesmo sistema usado no decantador, mas nesse caso são usadas centrífugas de placas verticais.

Os fatores a serem considerados na centrifugação são:

- A temperatura da água de lavagem deve estar entre 30 °C e 35 °C.
- O fluxo de alimentação deve ser homogêneo e dependerá do tipo de centrífuga e da composição dos líquidos.

Centrífuga

O azeite dessas centrífugas geralmente tem aparência leitosa em razão da emulsão azeite-água produzida pela aeração excessiva. É conveniente mantê-lo em repouso por 16 a 24 horas antes de transferi-lo para a bodega, a fim de eliminar o máximo de umidade possível. É nesse momento que o responsável pelo lagar deve colher amostras do azeite para analisar a qualidade, com dois objetivos:

1º Classificar as diferentes qualidades para posterior comercialização.

2º Detectar falhas de processo, pois qualquer anormalidade no processo produtivo se refletirá na qualidade do azeite.

Filtração

A filtração é o processo que antecede o armazenamento do azeite. Consiste em passar o azeite por um material ou tecido poroso em que podem ser retidas as pequenas impurezas em suspensão. É importante eliminar essas impurezas e os vestígios de umidade depositados no fundo das cubas, uma vez que tais resíduos são ricos em substâncias glicídicas e proteicas que favorecem a fermentação e os defeitos organolépticos.

A filtração é feita passando o azeite por tecidos (telas têxteis, fibras de papel, celulose) ou materiais porosos (terras filtrantes, perlitas, diatomáceas), de onde são extraídas as impurezas a serem eliminadas.

Existem três tipos de filtragem:

- **Desbaste**: é a filtragem para azeites com alto teor de sólidos.
- **Polimento**: processo pelo qual todos os vestígios de umidade são removidos.
- **Winterização (ou destinarização)**: operação que antecede o polimento e elimina as ceras produzidas pela baixa temperatura ambiente. Embora esses glicerídeos sólidos não alterem a qualidade do azeite, fazê-los desaparecer dá melhor acabamento ao produto final, antes do engarrafamento. O aumento da temperatura ambiente provoca o desaparecimento desses compostos de maneira natural.

Há dois tipos de filtro principais:

Filtros prensa: utilizados na winterização e no polimento. Introduz-se um material filtrante, como um pano de algodão compacto ou papel filtro, em uma bateria de pratos, o azeite é passado por ele e submetido a uma força de compressão para proceder à filtragem.

Filtros com material filtrante pulverulento: utilizados sobretudo no desbaste do azeite. Essa filtragem consiste em passar por uma série de bolsas, geralmente de polipropileno, que atuam como tecido retentor, uma mistura de azeite bem limpo e pó de celulose ou sílica fóssil de diatomáceas (com grande poder hidrofílico a uma determinada pressão). Quando o azeite misturado que sai dos diferentes sacos recupera a limpidez, diz-se que se formou o pré-revestimento de retenção de sólidos. Em seguida, introduz-se o azeite a ser filtrado. Pode-se também proceder à adição periódica de material filtrante mais poroso, para uma maior capacidade de filtragem, formando uma camada anterior ao pré-revestimento com porosidade decrescente.

Nos últimos anos, azeites recém-extraídos passaram a ser comercializados em rama, sem filtração. A dificuldade de envasá-los está nos longos prazos de validade exigidos pelas cadeias de distribuição. No entanto, o consumo desses azeites deve ser muito rápido, antes do aparecimento de sedimentos (2-3 meses), para garantir a qualidade do produto.

Filtro

Armazenamento do azeite

O armazém ou bodega é o local onde o azeite ficará até ser comercializado. O azeite armazenado não é influenciado por processos hidrolíticos se a água de vegetação for retirada por filtração antes de ele ser enviado à bodega. Se não for retirada, ela pode provocar a fermentação de partículas sólidas, ricas em açúcares, não separadas na centrifugação e decantação. Por isso, é muito importante que os azeites cheguem limpos à bodega para serem armazenados.

Existem, porém, outros processos também muito importantes para a qualidade e, principalmente, a conservação dos azeites: são os processos oxidativos.

Características de um bom armazém

As paredes e os tetos devem conter isolantes térmicos e não apresentar odores estranhos. Deve ter um sistema de refrigeração que não emita odores e mantenha uma temperatura estável, entre 15 °C e 18 °C, com pouca luminosidade e de fácil limpeza. Não deve ser o armazém do material auxiliar utilizado no lagar (bomba de transferência, latas etc.), para evitar odores indesejáveis.

O material de construção dos tanques deve ser inertizado. O mais usado hoje é o aço inox. Em nenhum caso, ferro ou cobre, pois são catalisadores de oxidação. As válvulas e todas as tubulações devem ser feitas com o mesmo material, para facilitar a limpeza.

O tamanho dos depósitos deve corresponder à capacidade diária de moagem do moinho. Para o armazenamento de azeites de qualidade, são preferíveis tanques pequenos, com os quais seja possível classificá-los por variedade, intensidade de frutado etc.

Devem ser protegidos da ação da luz e do ar, que aceleram a oxidação do produto. Portanto, os tanques devem ser cobertos e opacos e ter fundo cônico ou inclinado para facilitar a sangria periódica, pois, se os azeites forem para o armazenamento sem filtragem, com umidade e impurezas, estas precipitam e fermentam. Se não forem removidas a tempo, o azeite apresentará borras.

Os tanques devem ser bem lavados antes de enchê-los. "Os canais e, em geral, todas as balsas serão previamente lavadas com água quente para evitar qualquer ranço do ano anterior." (Paládio)

A vida útil do azeite é estendida quando as condições de armazenamento são adequadas. O espaço livre no tanque, ocupado por oxigênio, facilita a oxidação, por isso é recomendável uma atmosfera controlada, com o nitrogênio por exemplo, essencial para preservar azeites com baixa estabilidade e retardar os fenômenos oxidativos tanto quanto possível.

Envase

A embalagem do azeite virgem deve contribuir para a conservação do produto nas melhores condições possíveis e garantir o consumo. Toda a cadeia de práticas, tanto no campo quanto na produção e no armazenamento, pode ser quebrada no último elo se a embalagem não for ideal.

A limpeza da linha de embalagem e de todo o material auxiliar é essencial para evitar contaminação ambiental ou pequenas partículas de poeira ou materiais de limpeza. Cuidar da limpeza e desinfecção de tanques, tubulações, válvulas, bombas de transferência, bem como controlar de maneira adequada as condições de temperatura, luz, ar, higiene e ambiente do depósito de embalagens. Tampouco devemos esquecer o correto manuseio e a higiene por parte dos operadores.

No engarrafamento, os precipitados no fundo das garrafas não devem ser confundidos com as solidificações que, por vezes, surgem quando o azeite é armazenado a baixa temperatura, consequência da solidificação das ceras pela ausência de filtração a frio antes do polimento em azeites virgens. É prática comum executar essa etapa (winterização) no restante dos óleos vegetais, dos quais são eliminados os glicerídeos que solidificam a baixas temperaturas (ceras).

Nas embalagens, devem ser evitados os fatores que favorecem a oxidação, principalmente luz, ar, calor e vestígios metálicos.

Fatores que favorecem a oxidação

- Luz
- Aeração
- Temperatura
- Metais

- Aceleram a oxidação
- Aceleram a descoloração
- Aumentam o índice de peróxidos
- Diminuem a estabilidade

Para isso, é importante considerar:

Material da embalagem

O material da embalagem deve ser inalterável e inerte. As embalagens mais utilizadas para o azeite de oliva, atualmente, são as de plástico (PET, PVC, LDPE, HDPE), vidro, latão, cerâmica e plástico revestido com cartão (tetra brik e bag in box). A natureza de cada um desses materiais tem influência notável na qualidade dos azeites de oliva virgens.

As garrafas de vidro utilizadas como recipientes de azeite podem ter diferentes formas e tonalidades que variam do transparente ao verde praticamente opaco. Nesse sentido, vários estudos têm demonstrado que o melhor material para as embalagens de azeite de oliva virgem é o vidro escuro. Já a lata apresenta algumas vantagens sobre o vidro, como a proteção total contra a luz e a resistência a golpes, razão pela qual a lata e os vidros opacos são os mais adequados para o acondicionamento do azeite, em comparação com o PET e os vidros transparentes.

Quanto aos materiais plásticos, caracterizam-se pelo baixo custo de produção e baixo peso, com a vantagem de ser facilmente recicláveis. A desvantagem de utilizá-los para o acondicionamento de azeite de oliva virgem é a permeabilidade a gases e à luz (caso seja transparente). No entanto, existem diferenças entre os materiais plásticos. Verificou-se que o PET oferece melhor proteção ao azeite de oliva que o PP, porque a taxa de transmissão de oxigênio é menor no primeiro. Por outro lado, quando é armazenado no escuro, o azeite colocado em recipientes de plástico perde qualidade mais rapidamente que os acondicionados em vidro.

O efeito das diferentes porcentagens de oxigênio que ocupam o espaço de cabeça e a aplicação de resinas para aumentar a resistência à penetração de oxigênio demonstrou que, quanto menor a quantidade de oxigênio que consegue penetrar o recipiente, mais lento é o processo de oxidação.

As embalagens compostas de camadas de plástico e papel, como o tetra brik e o bag in box, garantem uma boa conservação dos azeites de oliva, pois essa combinação de materiais oferece boa impermeabilidade a gases e à luz. A embalagem tetra brik foi analisada e concluiu-se que ela é a melhor embalagem comercial para azeite de oliva no que diz respeito a vidro transparente, lata e embalagens de plástico transparente e opaco.

Em condições semelhantes às de um supermercado, estudos posteriores mostram que os recipientes que melhor protegeram o azeite extravirgem dos processos oxidativos foram os bags in box BBM e BBT, por manterem todos os parâmetros de qualidade dentro dos limites exigidos durante, pelo menos, seis meses para a categoria. Os compostos relacionados às alegações nutricionais apresentaram pequenas variações, portanto a vida útil nutricional não foi comprometida após nove meses de armazenamento.

Tamanho da embalagem

O azeite é mais bem conservado em grandes quantidades, desde que as embalagens estejam completamente cheias, mas dependerão do tipo de consumidor: o formato habitual de cinco litros em zonas de alto consumo é extremamente grande para exportação ou para azeites de alta qualidade, onde o habitual são os recipientes de vidro de 500 ml.

Temperatura

É conveniente manter as embalagens a baixa temperatura, pelo menos afastados de fontes de calor e em local mais fresco, evitando, sobretudo, mudanças bruscas.

Ao encher as garrafas, é necessário evitar "espaços de cabeça", pois o oxigênio contido no ar favorece a oxidação. Quando a embalagem está aberta, a capacidade de oxidação é multiplicada, por isso é aconselhável que os recipientes para uso não sejam muito grandes e estejam sempre fechados.

3 PARÂMETROS DE QUALIDADE DO AZEITE DE OLIVA VIRGEM

A qualidade de um produto pode ser definida como o conjunto de características que tornam possível apreciá-lo como igual, melhor ou pior que outros de sua espécie, referindo-se especificamente a como é conservado durante seu armazenamento. É necessário diferenciar qualidade do azeite, que acabamos de definir, e tipo de azeite, determinado pelas particularidades de cada variedade, perceptíveis pelas características organolépticas (cor, cheiro e sabor) e composição química.

QUALIDADE REGULATÓRIA

A qualidade regulatória relativa aos azeites de oliva virgens, azeites e óleos de bagaço de oliva está incluída no Regulamento Delegado (UE) 2022/2104 e no Regulamento de Execução 2022/2105 da Comissão de 29 de julho de 2022, que revoga o Regulamento (CEE) 2568/91 e o Regulamento de Execução (UE) 29 da Comissão. O Regulamento de Execução 2022/2105 estabelece as regras sobre os controles de conformidade das normas de comercialização do azeite de oliva e, o fundamental, quais serão os métodos oficiais de análise para verificar a referida conformidade.

A qualidade regulatória estabelece diferentes categorias, de acordo com uma série de parâmetros. Quando em um azeite de oliva virgem um dos parâmetros físico-químicos ou sensoriais não atende à norma, ele passa para a próxima categoria.

Parâmetros químicos

- **Grau de acidez** – Determina a quantidade de ácidos graxos livres presentes no azeite, expressa em ácido oleico (%). A gordura biologicamente sintetizada é neutra, ou seja, o azeite contido na azeitona sã que está na árvore tem 0% de acidez livre. A presença de ácidos graxos livres é, portanto, uma anomalia resultante, entre outros fatores, do mau estado, mau tratamento ou má conservação dos frutos. Um índice de acidez muito baixo corresponde a um azeite de alta qualidade.

Valores próximos a 0,1 indicam um perfeito estado da azeitona e um correto manejo dos frutos.

A regulamentação em vigor, tabelas A e B do Anexo I do Regulamento Delegado (UE) 2022/2104, considera o limite máximo para azeites extras em 0,8%. É, no entanto, muito comum encontrar azeites engarrafados abaixo desse limite (geralmente, dois a cinco décimos de acidez). Quanto ao consumo humano, é adequado até 2 g de ácido oleico por 100 g de azeite.

- **Índice de peróxidos** – Determina o estado de oxidação primário de um azeite antes que o cheiro e o sabor rançoso sejam sentidos. As gorduras oxidam quando entram em contato com o oxigênio do ar. Quando uma gordura começa a oxidar, vários compostos são formados; entre eles estão os peróxidos, considerados os primeiros produtos da oxidação.

Esse índice também indica a deterioração que alguns componentes nutricionais podem ter sofrido, como a vitamina E, e é medido em miliequivalentes (mEq) de oxigênio ativo por kg. Seu limite de consumo é 20.

- **Absorbância em ultravioleta (k_{232})** – Essa análise tem como base a medição espectrofotométrica ultravioleta do coeficiente de extinção em diferentes comprimentos de onda: 232 nm e 270 nm.

k_{232} – Assim como o índice de peróxidos, indica a oxidação inicial de um azeite, quantificando a absorção de luz na região UV na longitude de onda de 232 nm. Seu limite máximo para extravirgem é de 2,5, e 2,6 para virgem.

k_{270} – Mede a absorbância de um azeite na longitude de onda de 270 nm. Detecta um estado oxidativo mais avançado. À medida que o processo oxidativo avança, os peróxidos são modificados, produzindo outros tipos de componentes: alfa-dicetonas ou cetonas alfa-insaturadas que absorvem a luz UV em uma longitude de onda diferente (270 nm) dos hidroperóxidos. Em um azeite obtido de uma azeitona sã, que não tenha sido submetida a nenhum tratamento exceto as operações físicas de extração, seu valor é geralmente inferior aos limites estabelecidos (0,2 para extravirgem e 0,25 para virgem). A alta absorbância em 270 nm está relacionada à oxidação do azeite de oliva virgem e ao processo de refinação, ou a ambos ao mesmo tempo.

Delta k (Δk) – É usado principalmente como critério de pureza para detectar misturas com óleos refinados. No processo de refino do azeite, na etapa de branqueamento com argilas ativadas, formam-se compostos chamados tenros conjugados, que também absorvem a 270 nm, mas quando o azeite de oliva é virgem aparecem três picos que não existem. Para os azeites virgens, o k_{270} é aproximadamente a metade da soma do k_{266} e k_{274}, em que ΔK = 0.

Para os azeites refinados:

$$\Delta k: k_{270} - \tfrac{1}{2}(k_{266} + k_{274})$$

Valores baixos de absorbância (k_{232}, k_{270}, Δk) correspondem a azeites de boa qualidade.

- **Ésteres etílicos dos ácidos graxos**
- **Cerídeos** – São compostos provenientes da esterificação de álcoois alifáticos com ácidos graxos livres. Essa análise serve para detectar misturas com óleos de bagaço, em que o teor de cerídeos é muito maior (2.000 mg/kg) que em azeites virgens (até 150 mg/kg).
- **Ácidos graxos saturados na posição 2 dos triglicerídeos** – São usados principalmente como critério de pureza e para evitar retificações excessivamente drásticas no processo de refino. Quando a temperatura de desodorização no processo de refino é excessivamente alta, os ácidos graxos podem ser trocados.

Ao sintetizar triglicerídeos, a natureza esterifica ácidos graxos insaturados na posição 2 em proporção superior a 98%. Por essa razão, para azeites virgens, o máximo permitido de ácidos graxos saturados nessa posição é de 1,5%.

- **Estigmastadieno** – É um hidrocarboneto esteroide difícil de remover no processo de refino.

Na etapa de descoloração e desodorização, ocorre a desidratação intramolecular, que forma um dieno. No azeite de oliva, o dieno formado é o estigmastadieno, uma vez que o ß-sitosterol é o esterol mais abundante. Valores de estigmastadieno maiores que 0,10 podem indicar a presença de óleo refinado no azeite de oliva virgem.

O estudo dos hidrocarbonetos campestadieno e estigmastadieno em óleos desesterolizados, formados de campesterol e estigmasterol, são difíceis de eliminar na fase de refinação, por isso podem fornecer boa informação sobre misturas de óleos de sementes com azeite de oliva.

Uma relação estigmastadieno/campestadieno baixa (3-4) indica a presença de óleo refinado e óleo refinado desesterolizado.

- **Diferença entre ECN 42 (HPLC) e ECN 42 (cálculo teórico)** – O Equivalent Carbon Number (ECN) é usado para detectar a presença de pequenas quantidades de óleo de sementes ricos em ácido linoleico.

No azeite de oliva, o triglicerídeo mais abundante é a trioleína – em razão de o ácido oleico estar presente em grande percentagem – e praticamente não existe a trilinoleína. Nos óleos de sementes, porém, o triglicerídeo mais abundante é a trilinoleína – já que há maior proporção de ácido linoleico.

Essa análise determina a composição dos triglicerídeos expressa em número equivalente de carbonos (ECN). Ele fornece informações não apenas sobre o valor da trilinoleína mas também sobre seus três isômeros, cujo ECN é 42.

Com uma fórmula estatística, calcula-se o teor real dos três isômeros. Isso nos dá um ECN 42 teórico, que é comparado com o teor real obtido por HPLC. A diferença entre os dois não pode ser maior que valores já estabelecidos após muitos anos de experiência: para extravirgem o limite é de 0,2 e para lampante, 0,3.

- **Composição dos ácidos graxos** – Todas as gorduras, animais ou vegetais, são compostas de triglicerídeos (glicerina + ácidos graxos). Os ácidos graxos diferenciam uma gordura da outra e podem ser de natureza insaturada ou saturada, com número variável de átomos de carbono (principalmente de 14 a 24) e ligações duplas (de um a três).

Os óleos de sementes e o azeite de oliva têm os mesmos ácidos graxos, mas em proporções diferentes. Nos óleos de sementes, o principal ácido graxo é o linoleico (18:2 = 18 átomos de carbono e duas ligações duplas); e nos azeites de oliva, o oleico (18:1 = também 18 átomos de carbono, mas apenas uma ligação dupla (monoinsaturado)).

O teor percentual dos diferentes ácidos graxos dependerá em grande parte da fisiologia da planta que os produziu, mas com limites muito amplos, principalmente naqueles com maior teor (oleico e linoleico), perdendo-se a precisão. O regulamento, portanto, reflete apenas os limites para ácidos graxos minoritários: mirístico (0,05%), linolênico (1%), araquidônico (0,6%), eicosenoico (0,5%), beênico (0,2%) e lignocérico (0,2%).

A análise de ácidos graxos fornece informações sobre o comprimento e o estabelecimento das cadeias de hidrocarbonetos, o que possibilitará, de certo modo, detectar misturas de oliva com sementes. Deve ser confirmado com outros testes.

- **Soma dos isômeros transoleicos e translinoleico + translinolênico** – Os ácidos graxos naturalmente sintetizados têm uma posição "cis", portanto os isômeros "trans" nunca ocorrem naturalmente.

No processo de refino, em razão de os óleos serem submetidos a temperaturas tão elevadas (desodorização) ou pelo fato de eles conterem grande quantidade de terra ativada (descoloração), mudanças de configuração podem ocorrer, passando da posição "cis" para a posição "trans". Essa análise é usada como teste de qualidade e, também, de pureza.

Os limites de isômeros transoleicos não podem ser superiores a 0,05% para virgens e 0,10% para lampantes.

A soma dos isômeros translinoleicos e translinolênicos deve ser inferior a 0,05% para azeites virgens e 0,10% para lampantes.

Esse tipo de isômero se forma em maior quantidade no refino dos óleos de bagaço, pois o processo ocorre em condições mais drásticas.

- **Conteúdo de esteróis (ß-sitosterol, campesterol, estigmasterol e brassicasterol)** – Fornece ótimas informações sobre a identificação de óleos vegetais. O ß-sitosterol é o esterol majoritário no azeite de oliva (pelo menos 93% de todos os esteróis presentes); o campesterol e o estigmasterol estão em uma porcentagem muito baixa.

Os óleos de sementes são, no entanto, ricos em campesterol, estigmasterol, delta-7-campesterol e delta-7-estigmasterol, com variações nas percentagens conforme o tipo de semente.

A adição de óleos de sementes ao azeite de oliva altera a composição de esteróis e, dependendo do tipo de esterol presente, podemos suspeitar de qual tipo de semente se trata. O óleo de girassol é rico em campesterol e delta-7-estigmasterol. No óleo de colza, aparece o brassicasterol.

Medir o teor de esteróis é a análise mais confiável para detectar fraudes no azeite de oliva. No entanto, se o processo de descoloração e desodorização (no refino) ocorrer em condições drásticas de temperatura (desodorização) e uso abundante de terra (descoloração), a maioria deles é destruída "propositalmente". Nesse caso, é necessário complementar a análise com a de estigmastadieno.

Os resultados de cada esterol são expressos em porcentagem em relação à soma dos esteróis totais.

- **Eritrodiol + uvaol** – É usado como critério de pureza para detectar óleo de bagaço no azeite de oliva.

Os diálcoois terpênicos uvaol e eritrodiol são encontrados principalmente na casca da azeitona, portanto não são extraídos por pressão ou centrifugação no processo de produção do azeite de oliva (menos de 4,5%), mas, sim, são extraídos com hexano na retirada do óleo de bagaço (seus valores podem ultrapassar 30%).

Tampouco é por si só um método eficaz de detecção de misturas, pois quando o óleo de bagaço é extraído rapidamente, a quantidade de diálcoois é menor e há também alguns métodos para eliminá-los durante o refino.

Avaliação organoléptica

O método de avaliação organoléptica do azeite de oliva virgem do Anexo I do Regulamento de Execução 2022/2105, relativo às características dos azeites de oliva e óleos de bagaço de oliva e métodos de análise, é o método COI do documento T. 20/Doc. 15, sempre em versão vigente. Ele tem por finalidade estabelecer o procedimento de avaliação das características organolépticas dos azeites de oliva virgens, conforme exigido no artigo 11 do Regulamento, e verificar a categoria presente na rotulagem dos azeites de oliva virgens com base nessas características. O método também inclui indicações para rotulagem opcional e é aplicável apenas aos azeites de oliva virgens, bem como à sua classificação ou rotulagem com base na intensidade dos defeitos detectados, no atributo frutado e em outros atributos positivos, determinados por um grupo de provadores selecionados, formados e examinados, constituídos pelo painel.

O grupo de provadores será selecionado e treinado de acordo com o COI/Doc. 14 da versão vigente, *Guia para seleção, treinamento e controle de provadores qualificados de azeite de oliva virgem*. As condições do ensaio são controladas conforme indicado no COI/T. 20/Doc. 15, *Método de avaliação organoléptica de azeites de oliva virgens*, também sempre em versão vigente.

O sabor é definido como o conjunto de percepções de estímulos olfativo-gustativos, táteis e cinestésicos que possibilitam a um sujeito identificar um alimento e estabelecer um critério, em diferentes níveis, de gostar ou não gostar. Ao degustar um azeite, é necessário distinguir seus atributos positivos e negativos, entendendo por atributo a propriedade característica perceptível.

Atributos positivos

Frutado: conjunto de sensações olfativas características do azeite, dependentes da variedade da azeitona, provenientes de frutas sãs e frescas, verdes ou maduras, e percebidas por via direta e/ou retronasal.

O atributo frutado é considerado verde quando as sensações olfativas remetem a frutos verdes, características do azeite de frutos verdes.

O atributo frutado é considerado maduro quando as sensações olfativas remetem a frutos maduros, características do azeite de frutos verdes e maduros.

Amargo: sabor característico do azeite obtido de azeitonas verdes ou pretas.

Picante: sensação tátil de picância, característica dos azeites obtidos no início da campanha, principalmente de azeitonas ainda verdes. Pode ser percebido em toda a cavidade bucal, principalmente na garganta.

Atributos negativos

Fermentado/Com borras: aroma e sabor característico do azeite obtido de azeitonas amontoadas ou armazenadas em condições que ocasionam um avançado grau de fermentação anaeróbia ou do azeite que permaneceu em contato com a borra de decantação, os quais também tenham sofrido um processo de fermentação anaeróbia nos tegões ou depósitos.

Mofado/Úmido: sabor característico do azeite obtido de frutos nos quais se desenvolveram fungos e leveduras em razão de terem permanecido amontoados e úmidos por vários dias.

Avinagrado/Ácido-azedo: sabor característico de azeites que remetem ao vinho ou ao vinagre. Deve-se principalmente a um processo de fermentação das azeitonas ou dos restos de massa de azeitona em capachos que não foram devidamente limpos, o que dá origem à formação de ácido acético, acetato de etilo e etanol.

Metálico: sabor que remete a metais. É característico do azeite que permaneceu muito tempo em contato com superfícies metálicas durante os processos de moagem, batimento, prensagem ou armazenamento.

Rançoso: sabor de azeites que passaram por processo oxidativo.

Outros atributos negativos do azeite de oliva podem ser:

Cozido ou queimado: sabor causado pelo aquecimento excessivo e/ou prolongado durante a produção do azeite, sobretudo durante o batimento da massa se essa etapa for efetuada em condições inadequadas.

Feno-madeira: sabor característico de alguns azeites obtidos de azeitonas secas.

Basto: sensação densa e pastosa na boca produzida por alguns azeites.

Lubrificante: sabor do azeite que remete a gasóleo, graxa ou óleo mineral.

Água de vegetação: sabor adquirido pelo azeite em razão do contato prolongado com a água de vegetação.

Salmoura: sabor do azeite extraído de azeitonas conservadas em salmoura.

Esparto: sabor característico do azeite obtido de azeitonas prensadas em capachos novos de esparto (espécie de palha). O sabor pode ser diferente se o capacho for feito com esparto verde ou com esparto seco.

Terra: sabor característico do azeite obtido de azeitonas colhidas com terra, barrentas e não lavadas.

Larva: sabor característico do azeite obtido de azeitonas fortemente atacadas por larvas da mosca da oliveira (*Bactrocera oleae*).

Pepino: sabor produzido por embalagens herméticas e excessivamente prolongadas, principalmente em latão, atribuído à formação de 2-6 nonadienal.

Terminologia opcional para rotulagem

A pedido expresso, o chefe do painel pode certificar que os azeites avaliados atendem às definições e aos intervalos correspondentes às seguintes expressões e adjetivos, com base na intensidade e percepção dos atributos:

- Com relação a cada um dos atributos positivos (frutado, conforme apropriado qualificado como verde ou maduro, picante e amargo):

  a) o termo "intenso" pode ser utilizado quando a mediana do atributo em questão for maior que 6.

  b) o termo "médio" pode ser utilizado quando a mediana do atributo em questão for maior que 3 e não maior que 6.

c) o termo "leve" pode ser utilizado quando a mediana do atributo em questão for menor ou igual a 3.

- O termo "equilibrado" pode ser atribuído ao azeite que não é desequilibrado. Entende-se por desequilíbrio a sensação olfativa-gustativa e tátil do azeite em que a mediana dos atributos amargo e/ou picante é dois pontos superior à mediana do atributo frutado.

- A expressão "azeite doce" pode ser atribuída a um azeite em que a mediana do atributo amargo e a do picante sejam menores ou iguais a 2.

Procedimento de valoração organoléptica e classificação

Utilização da ficha de perfil pelo provador

Cada um dos provadores integrantes do painel deve cheirar e degustar imediatamente o azeite em avaliação. Em seguida, no modelo a ser utilizado, os provadores devem registrar a intensidade com que percebem cada um dos atributos negativos e positivos na escala de 10 cm da ficha de degustação que lhes será disponibilizada. Em caso de percepção do caráter verde ou maduro do atributo frutado, o provador marcará o quadrado correspondente na ficha de degustação.

No caso de serem percebidos atributos negativos não indicados na ficha de degustação, eles devem ser inseridos na seção "Outros", com os termos que os descrevem com mais precisão entre os definidos.

O responsável pelo painel deve recolher as fichas de perfil preenchidas pelos provadores e deve controlar as intensidades atribuídas: caso seja constatada alguma anomalia, solicitará ao provador que reveja a ficha de perfil e, se necessário, que repita a prova. Os dados são processados em um programa de computador, que calcula a mediana entre defeitos e frutados e os classifica.

O vocabulário utilizado é específico para o azeite de oliva virgem e consta do COI/T. 20/Doc. 4, *Análise sensorial: vocabulário geral básico*, em versão vigente.

Veja, a seguir, a ficha de degustação de azeite virgem a ser preenchida pelos provadores:

FOLHA DE DEGUSTAÇÃO DE AZEITE DE OLIVA VIRGEM

INTENSIDADE DE PERCEPÇÃO DOS DEFEITOS

Tulhas/Borras _____ →

Mofado --- úmido terroso _____ →

Avinhado --- avinagrado
Azedo ---- mordente _____ →

Metálico _____ →

Ranço _____ →

Outros (especificar) _____ →

INTENSIDADE DA PERCEPÇÃO DOS ATRIBUTOS POSITIVOS

Frutado

☐ Verde   ☐ Maduro→

Amargo _____ →

Picante _____ →

Nome do provador:

Código da amostra:

Data:

Observações:

No caso de análises efetuadas para controles, conforme a norma ou verificação, o chefe do painel deve proceder à avaliação organoléptica triplicada do azeite, com pelo menos um dia de intervalo. A mediana dos atributos será calculada com base no conjunto de dados das fichas de perfil das três provas.

CLASSIFICAÇÃO DOS AZEITES DE OLIVA

O azeite é classificado por categoria, com base na mediana dos defeitos e na mediana do atributo frutado. A mediana dos defeitos representa a mediana do defeito mais intensamente percebido. A mediana dos defeitos e a mediana do atributo frutado são expressas com uma única casa decimal, e o valor do coeficiente de variação sólido que os define deve ser menor ou igual a 20%.

A classificação do azeite é feita por meio da comparação do valor da mediana dos defeitos e da mediana do atributo frutado com os intervalos de referência indicados a seguir. Os limites desses intervalos foram estabelecidos com base no erro do método, por isso são considerados absolutos. Os programas informáticos tornam possível uma classificação visual em tabela de dados estatísticos ou gráficos.

a) **Azeite de oliva extravirgem**: a mediana dos defeitos é igual a 0 e a do atributo frutado é superior a 0.

b) **Azeite de oliva virgem**: a mediana dos defeitos é maior que 0 e menor ou igual a 3,5 e a do atributo frutado, maior que 0.

c) **Azeite de oliva lampante**: a mediana dos defeitos é superior a 3,5, ou a mediana dos defeitos é inferior ou igual a 3,5 e a do atributo "frutado" é igual a 0.

A Tabela A do Anexo I do Regulamento Delegado (UE) 2022/2104 estabelece a seguinte classificação dos azeites.

Azeites de oliva virgens

Azeite obtido do fruto da oliveira apenas por processos mecânicos ou outros processos físicos, em condições especialmente térmicas, que não provoquem a alteração do azeite e não tenha qualquer tratamento que não lavagem, decantação, centrifugação e filtração, com exclusão dos azeites obtidos por solvente ou processos de reesterificação e por qualquer mistura com azeites de outra natureza.

É um suco de fruta que não necessita de qualquer tratamento químico para ser consumido, conserva inalterável todos os componentes, tanto de aroma quanto de sabor, vitaminas e nutrientes que contém por natureza.

Esses azeites são objeto da classificação e das seguintes denominações.

Azeite de oliva extravirgem

Azeite virgem cuja acidez livre, expressa em ácido oleico, não excede 0,8 g por 100 g e cujas outras características estão em conformidade com as previstas para a categoria.

Azeite de oliva virgem

Azeite virgem cuja acidez livre, expressa em ácido oleico, não excede 2 g por 100 g e cujas outras características estão em conformidade com as previstas para a categoria.

Na fase de produção e comercialização no atacado, poderá ser utilizado o termo "fino."

Azeite de oliva lampante

Azeite virgem de gosto defeituoso ou cuja acidez livre, expressa em ácido oleico, é superior a 2 g por 100 g e/ou cujas outras características estão em conformidade com as previstas para a categoria.

Azeites de oliva não virgens

Azeite de oliva refinado

Azeite obtido por refinação de azeites virgens, cuja acidez livre, expressa em ácido oleico, não excede 0,3 g e cujas outras características estão de acordo com as previstas para a categoria.

Azeite de oliva

Azeite constituído por uma mistura de azeite refinado e de azeites virgens, com exceção do azeite lampante, cuja acidez livre, expressa em ácido oleico, não é superior a 1 g por 100 g e cujas outras características estão de acordo com as previstas para a categoria.

Óleo de bagaço de azeitona cru

Óleo obtido por tratamento com solvente do bagaço de azeitona, excluídos os óleos obtidos por processos de reesterificação e qualquer mistura com óleos de outra natureza e cujas outras características estão de acordo com as estabelecidas para a categoria.

Óleo de bagaço de azeitona refinado

Óleo obtido por refinação do óleo cru de bagaço de azeitona, cuja acidez livre, expressa em ácido oleico, não excede 0,3 g por 100 g e cujas demais características estão de acordo com as estabelecidas para a categoria.

Óleo de bagaço de oliva

Óleo constituído da mistura de óleo de bagaço de azeitona refinado e azeites virgens, exceto lampante, cuja acidez livre, expressa em ácido oleico, não excede 1 g por 100 g e cujas outras características estão de acordo com as estabelecidas para a categoria.

CARACTERÍSTICAS DOS AZEITES DE OLIVA

A. Características de qualidade

Categoria	Acidez (%) (*)	Índice de peróxidos (mEq O$_2$/kg)	K$_{232}$	K$_{268}$ ou K$_{270}$	ΔK	Mediana do defeito (Md)[*][1]	Mediana do frutado (Mf)[2]	Ésteres etílicos dos ácidos graxos (mg/kg)
1. Azeite de oliva extravirgem	≤ 0,80	≤ 20,0	≤ 2,50	≤ 0,22	≤ 0,01	Md = 0,0	Mf > 0,0	≤ 35
2. Azeite de oliva virgem	≤ 2,0	≤ 20,0	≤ 2,60	≤ 0,25	≤ 0,01	Md ≤ 3,5	Mf > 0,0	
3. Azeite de oliva lampante	> 2,0	---	---	---	---	Md > 3,5 [3]		
4. Azeite de oliva refinado	≤ 0,30	≤ 5,0	---	≤ 1,25	≤ 0,16			
5. Azeite de oliva que contém exclusivamente azeites de oliva refinado e azeites de oliva virgens	≤ 1,00	≤ 15,0	---	≤ 1,15	≤ 0,15			
6. Óleo de bagaço de oliva cru	---	---	---	---	---			
7. Óleo de bagaço de oliva refinado	≤ 0,30	≤ 5,0	---	≤ 2,00	≤ 0,20			
8. Óleo de bagaço de oliva	≤ 1,00	≤ 15,0	---	≤ 1,70	≤ 0,18			

[1] A mediana dos defeitos é entendida como a mediana do defeito mais intensamente percebida.
[2] Quando as medianas do atributo amargo e/ou do atributo picante forem superiores a 5,0, o chefe do painel deve indicá-lo.
[3] A mediana dos defeitos pode ser menor ou igual a 3,5 quando a mediana do frutado for igual a 0,0.

B. Características de pureza

Categoria	Composição dos ácidos graxos [1]							Somas dos isômeros transoleicos (%)	Somas dos isômeros transoleicos + translinolênicos (%)	Estigmastadienos (mg/kg)[3]	ΔECN42	Monopalmitato de 2-gliceril (%)
	Mirístico (%)	Linolênico (%)	Araquídico (%)	Eicosanoico (%)	Beênico (%)	Lignocérico (%)					
1. Azeite de oliva extravirgem	≤ 0,03	≤ 1,00 [2] – 1,00 [2]	≤ 0,60	≤ 0,50	≤ 0,20	≤ 0,20	≤ 0,05	≤ 0,05	≤ 0,05	≤ |0,20|	≤ 0,9 se % total de ácido palmítico total ≤ 14,00%
2. Azeite de oliva virgem	≤ 0,03	≤ 1,00 [2] – 1,00 [2]	≤ 0,60	≤ 0,50	≤ 0,20	≤ 0,20	≤ 0,05	≤ 0,05	≤ 0,05	≤ |0,20|	≤ 1,0 se % total de ácido palmítico total ≤ 14,00%
3. Azeite de oliva lampante	≤ 0,03	≤ 1,00	≤ 0,60	≤ 0,50	≤ 0,20	≤ 0,20	≤ 0,10	≤ 0,10	≤ 0,50	≤ |0,30|	≤ 0,9 se % total de ácido palmítico total ≤ 14,00%
4. Azeite de oliva refinado	≤ 0,03	≤ 1,00	≤ 0,60	≤ 0,50	≤ 0,20	≤ 0,20	≤ 0,20	≤ 0,30	---	≤ |0,30|	≤ 1,1 se % total de ácido palmítico > 14,00%
5. Azeite de oliva que contém exclusivamente azeites de oliva refinado e azeites de oliva virgens	≤ 0,03	≤ 1,00	≤ 0,60	≤ 0,50	≤ 0,20	≤ 0,20	≤ 0,20	≤ 0,30	---	≤ |0,30|	≤ 0,9 se % total de ácido palmítico total ≤ 14,00% ≤ 1,0 se % total de ácido palmítico > 14,00%
6. Óleo de bagaço de oliva cru	≤ 0,03	≤ 1,00	≤ 0,60	≤ 0,50	≤ 0,30	≤ 0,20	≤ 0,20	≤ 0,10	---	≤ |0,60|	≤ 1,4
7. Óleo de bagaço de oliva refinado	≤ 0,03	≤ 1,00	≤ 0,60	≤ 0,50	≤ 0,30	≤ 0,20	≤ 0,40	≤ 0,35	---	≤ |0,50|	≤ 1,4
8. Óleo de bagaço de oliva	≤ 0,03	≤ 1,00	≤ 0,60	≤ 0,50	≤ 0,30	≤ 0,20	≤ 0,40	≤ 0,35	---	≤ |0,50|	≤ 1,2

[1] Teor de outros ácidos graxos (6): palmítico: 7,00-20,00; palmitoleico: 0,30-3,50; heptadecanoico: < 0,4; heptadecenoico: < 0,6; esteárico: 0,50-5,00; oleico: 55,00-85,00; linoleico: 2,50-21,00.
[2] Quando o ácido linolênico é maior que 1,00, mas menor ou igual a 1,40, a relação β-sitosterol aparente/campesterol deve ser maior ou igual a 24.
[3] Total de isômeros que podem (ou não) ser separados com coluna capilar.

(continuação)

Composição dos esteróis

Categoria	Colesterol (%)	Brassicasterol (%)	Campesterol (%)	Estigmasterol (%)	Sitosterol aparente [1] (%)	Δ-7-estigmastenol (%)	Esteróis totais (mg/kg)	Eritrodiol e uvaol (%)	Ceras (mg/kg)
1. Azeite de oliva extravirgem	≤ 0,5	≤ 0,1	≤ 4,0	< Camp.	≥ 93,0	≤ 0,5	≥ 1000	≤ 4,5	C42 + C44 + C46 ≤ 150
2. Azeite de oliva virgem	≤ 0,5	≤ 0,1	≤ 4,0	< Camp.	≥ 93,0	≤ 0,5	≥ 1000	≤ 4,5	C42 + C44 + C46 ≤ 150
3. Azeite de oliva lampante	≤ 0,5	≤ 0,1	≤ 4,0	----	≥ 93,0	≤ 0,5	≥ 1000	≤ 4,5 [2]	C40 + C42 + C44 + C46 ≤ 300 [2]
4. Azeite de oliva refinado	≤ 0,5	≤ 0,1	≤ 4,0	< Camp.	≥ 93,0	≤ 0,5	≥ 1000	≤ 4,5 [3]	C40 + C42 + C44 + C46 ≤ 350
5. Azeite de oliva que contém exclusivamente azeites de oliva refinado e azeites de oliva virgens	≤ 0,5	≤ 0,1	≤ 4,0	----	≥ 93,0	≤ 0,5	≥ 1000	≤ 4,5	C40 + C42 + C44 + C46 ≤ 350
6. Óleo de bagaço de oliva cru	≤ 0,5	≤ 0,2	≤ 4,0	< Camp.	≥ 93,0	≤ 0,5	≥ 2500	> 4,5 [4]	C40 + C42 + C44 + C46 > 350 [4]
7. Óleo de bagaço de oliva refinado	≤ 0,5	≤ 0,2	≤ 4,0	< Camp.	≥ 93,0	≤ 0,5	≥ 1800	> 4,5	C40 + C42 + C44 + C46 > 350
8. Óleo de bagaço de oliva	≤ 0,5	≤ 0,2	≤ 4,0	< Camp.	≥ 93,0	≤ 0,5	≥ 1600	> 4,5	C40 + C42 + C44 + C46 > 350

[1] β-sitosterol aparente: Δ-5,2 3-estigmastadienol + clerosterol + β-sitosterol + sitostanol + Δ-5-avenasterol + Δ-5,24-estigmastadienol.
[2] Os azeites com teor de cera compreendido entre 300 mg/kg e 350 mg/kg são considerados azeites lampantes se o teor total de álcoois alifáticos for inferior ou igual a 350 mg/kg ou se o teor de eritrodiol e uvaol for superior a 3,5%.
[3] Os azeites com teor de eritrodiol + uvaol entre 4,5 e 6% devem ter teor de eritrodiol menor ou igual a 75 mg/kg.
[4] Os azeites com teor de cera entre 300 mg/kg e 350 mg/kg são considerados óleos de bagaço de oliva cru se o teor de álcool alifático total for superior a 350 mg/kg e se o teor de eritrodiol e uvaol for superior a 3,5%.

4 AZEITE DE OLIVA: COMPOSIÇÃO E SAÚDE

O azeite de oliva virgem é considerado um dos alimentos mais saudáveis da dieta por ser composto de ácidos graxos e antioxidantes. Desde a Antiguidade, a oliveira e o azeite têm propriedades curativas. Hipócrates recomendava o azeite para dores musculares e casos de úlcera e cólera. No século I, Plínio, o Velho, reuniu toda uma série de receitas em que a oliveira é a protagonista indiscutível.

O azeite de oliva virgem é um alimento natural, é o sumo da azeitona obtido de azeitonas sãs e em perfeitas condições de maturação, por meio de processos mecânicos. Seu valor biológico e terapêutico está relacionado à sua composição química, formada por dois grandes grupos.

COMPOSIÇÃO QUÍMICA DO AZEITE DE OLIVA E SUAS FUNÇÕES

O azeite de oliva é composto principalmente de triglicerídeos, com pequenas partes de ácidos graxos livres e 0,5%-1,5% de constituintes não glicerídeos. Esses constituintes menores são importantes para a estabilidade, o sabor e o aroma do azeite de oliva (D. Boskou, 1999).

Em sua composição, dois grandes grupos de compostos químicos devem ser considerados:

- **Fração saponificável**: representa entre 98,5% e 99,5% do peso do azeite de oliva. É composta de triglicerídeos, diglicerídeos, monoglicerídeos, ácidos graxos livres, fosfatídeos.

- **Fração insaponificável**: representa entre 0,5% e 1,5% do peso do azeite de oliva. Contém muitos componentes menores, que são muito importantes para a estabilidade, o sabor, o aroma e a qualidade do azeite de oliva. É composta de: hidratos de carbono, esteróis, álcoois triterpênicos, ácidos hidroxi-triterpênicos, tocoferóis, fosfolipídeos, pigmentos e compostos aromáticos.

Ácidos graxos

Esse nome refere-se às substâncias formadas por uma longa cadeia de hidrocarbonetos (composta apenas de átomos de carbono e hidrogênio) que tem um grupo ácido (–COOH) em uma das extremidades. Cadeias de 12 a 24 carbonos foram encontradas no azeite de oliva.

Os ácidos graxos podem ser divididos em:

- **Ácidos graxos saturados**: não têm ligações duplas.
- **Ácidos graxos monoinsaturados**: têm uma ligação dupla na cadeia de átomos de carbono.
- **Ácidos graxos poli-insaturados**: têm uma ligação dupla na cadeia de átomos de carbono.

Os principais ácidos graxos saturados presentes no azeite de oliva são:

- Ácido palmítico (C16:0) – 7,5%-20%
- Ácido esteárico (C18:0) – 0,5%-5%
- Ácido mirístico (C14:0) – M 0,05%
- Ácido araquidônico (C20:0) – M 0,6%
- Ácido beênico (C22:0) – M 0,2%
- Ácido lignocérico (C24:0) – M 0,2%
- Ácido heptadecanoico (C17:0) – M 0,3%

   (M = máximo)

Os principais ácidos graxos monoinsaturados incluem:

- Ácido oleico (C18:1) – 56%-83%
- Ácido palmitoleico (C16:1) – 0,3%-3,5%
- Ácido heptadecenoico (C17:1) – M 0,3%
- Ácido gadoleico (eicosanoico) (C20:1) – M 0,4%

   (M = máximo)

Os ácidos graxos poli-insaturados presentes no azeite de oliva são:

- Ácido linoleico (C18:2) – 3,5%-21%

- Ácido α-linolênico (C18:3) – M 0,9%

  (M = máximo)

Assim, podemos dizer que o azeite de oliva se caracteriza por ser rico em ácidos graxos monoinsaturados e pelo baixo teor de ácidos graxos poli-insaturados.

O componente maioritário dos ácidos é o oleico, monoinsaturado, que representa entre 56% e 83% dos ácidos totais.

Estrutura do ácido oleico

Os ácidos graxos se apresentam no estado líquido a uma temperatura que depende do comprimento da cadeia de carbonos: quanto maior o comprimento, maior o ponto de fusão. Depende também do número de ligações duplas; mais ligações duplas significa menor temperatura de fusão.

Triglicerídeos

Os triglicerídeos são ésteres de glicerina e ácidos graxos, cuja estrutura é a descrita a seguir.

Estrutura dos triglicerídeos

Dependendo do número de grupos álcool da glicerina que se liga aos ácidos graxos, teremos um triglicerídeo (três ácidos graxos esterificando a glicerina), um diglicerídeo (dois ácidos graxos) ou um monoglicerídeo (um ácido graxo).

A maioria dos ácidos graxos contidos no azeite de oliva faz parte dos triglicerídeos. Em 1988, J. F. Mataix indicou que os triglicerídeos mais importantes são aqueles representados a seguir:

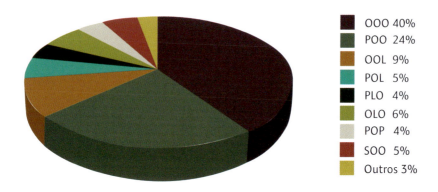

Principais triglicerídeos presentes no azeite de oliva.
P: palmítico, O: oleico, S: esteárico, L: linoleico

Os triglicerídeos constituem o grupo maioritário no azeite de oliva. Os mono e diglicerídeos, embora encontrados naturalmente em pequenas quantidades no azeite, podem ser resultado da hidrólise (quebra) de triglicerídeos em razão da alteração do azeite.

Hidratos de carbono

O esqualeno é o carboidrato mais importante do azeite de oliva, precursor bioquímico dos esteróis; representa 32%-50% do peso total da fração insaponificável. Constatou-se a existência de 14 carboidratos policíclicos no azeite de oliva (Ciusa e Morante, 1974). O azeite de oliva é um dos óleos com maior teor de esqualeno e supera outros óleos vegetais, como girassol, milho, gergelim, semente de uva, soja etc.

Outros carboidratos são os carotenoides. Foram encontrados a luteína e o β-caroteno (Stancher *et al.*, 1987) em quantidades variáveis, dependendo da qualidade do azeite, na ordem de 0,15-0,44 e 0,08-0,5 mg/100 g, respectivamente (Zonta e Stancher, 1987).

Esteróis

Representam 20%-30% do total da fração insaponificável (Fedeli e Jacini, 1971). O teor total de esteróis no azeite de oliva é de 189 mg-265 mg/100 g, que é reduzido por oxidação durante a elaboração e a armazenagem.

São compostos com função alcoólica encontrados em todas as gorduras em diversas quantidades e componentes com diferentes proporções. Enquanto as gorduras animais contêm quase que exclusivamente colesterol, as gorduras vegetais têm como principal componente o β-sitosterol, além de outros esteróis, que dependerão da espécie vegetal de origem.

Principais esteróis do azeite de oliva	
β-Sitosterol	Em grande quantidade (aprox. 96%)
Δ5-Avenasterol Estigmasterol Campesterol Clerosterol	Em quantidades escassas
Δ5-Estigmasterol Δ7-Estigmasterol Δ5-Avenasterol Colesterol	Em quantidades muito baixas

Álcoois triterpênicos e ácidos hidroxi-triterpênicos

Dois dihidroxi-triterpenos foram identificados no azeite de oliva: eritrodiol e uvaol.

Os álcoois triterpênicos estão presentes no azeite, livres ou esterificados com ácidos graxos. A fração triterpênica é composta principalmente de 24-metileno-cicloartenol, cicloartenol, β-amirina e β-amirina e, no total, representa 20%-26% da fração insaponificável.

O ácido oleanólico também foi encontrado no azeite de oliva; ele aparece tanto nas azeitonas quanto no azeite.

Tocoferóis

Os tocoferóis constituem 2,8% a 3,5% do total de componentes secundários. O α-tocoferol representa mais de 90% de todas as formas encontradas no azeite de oliva, sendo a forma mais ativa biologicamente. Seu conteúdo é de, aproximadamente, 180 ± 0 mg/kg.

Estrutura do α-tocoferol

Os tocoferóis atuam como antioxidantes no processo de auto-oxidação do azeite de oliva ao reagir com os radicais livres, dando origem a radicais antioxidantes livres peroxidados e quebrando, assim, a reação em cadeia. Além disso, os tocoferóis comportam-se como atenuadores do processo de foto-oxidação do azeite de oliva, captando o oxigênio simples (como fator causador da auto-oxidação) por um processo de inibição.

Se a quantidade de α-tocoferol não for suficiente para capturar os íons OH· do peróxido de hidrogênio (H_2O_2) formado nas membranas plasmáticas biológicas, elas podem desencadear a peroxidação dos ácidos graxos poli-insaturados das referidas membranas, induzindo a alteração de sua permeabilidade, entre outros danos celulares (Viola P., 1997).

Nos óleos de sementes, as formas predominantes de tocoferol são γ e δ. O azeite de oliva goza de um privilégio particular, já que quase todos os tocoferóis são α.

Fosfolipídeos

Sua concentração total varia entre 40 ppm-135 ppm. O ácido oleico é o ácido graxo predominante nesses fosfolipídeos.

Pigmentos

O azeite de oliva virgem tem uma cor que vai do verde-amarelado ao dourado, dependendo da variedade e do estado de maturação do fruto. A composição e o teor total de pigmentos naturalmente presentes no azeite de oliva são parâmetros importantes para determinar sua qualidade, pois estão relacionados à cor, um dos atributos básicos para avaliar a qualidade do azeite de oliva. Os pigmentos também estão envolvidos nos mecanismos de auto-oxidação e foto-oxidação.

O azeite de oliva contém dois tipos de pigmentos naturais: clorofilas e feofitinas, e carotenoides.

Clorofilas e feofitinas

O azeite de oliva contém clorofila A e clorofila B (pigmentos verdes), bem como feofitina A e feofitina B (pigmentos marrons). Esses pigmentos são responsáveis pela cor do azeite de oliva. O azeite de oliva do início da campanha contém clorofila A e B na concentração de 1 ppm a 10 ppm e feofitinas A e B na concentração de 0,2 ppm a 24 ppm (Fedeli E., 1977). O teor de clorofila do azeite de oliva diminui à medida que o processo de amadurecimento da fruta avança.

As clorofilas A e B são facilmente degradadas a feofitinas, motivo de o azeite apresentar coloração mais esverdeada quando obtido de azeitonas em estágio inicial de maturação, enquanto os obtidos de frutos mais maduros apresentam coloração mais dourada.

O azeite de oliva é muito sensível à radiação entre 320 nm e 700 nm, seja na presença, seja na ausência de antioxidantes (Vázquez R. *et al*., 1980), em razão da existência desses pigmentos que absorvem a luz nesse espectro. As clorofilas e as feofitinas têm efeito pró-oxidante nos lipídeos na presença de luz, enquanto no escuro atuam como antioxidantes, por isso o azeite de oliva deve ser protegido durante o armazenamento. A clorofila e a feofitina são conhecidas como compostos sensibilizadores. A clorofila durante a exposição à luz induz a foto-oxidação.

O oxigênio simples reage rapidamente com C-C com insaturação, para originar hidroperóxidos. Esses hidroperóxidos são instáveis e se decompõem em radicais livres, que iniciam a cadeia de auto-oxidação. Quanto maiores os níveis de clorofila no azeite de oliva, maior sua atividade fotocatalítica (Rahmani M., 1989).

O branqueamento da clorofila ocorre pela mediação dos radicais livres hidroperóxidos formados durante a foto-oxidação do azeite.

Carotenoides

Os principais carotenoides presentes no azeite de oliva são: luteína, β-caroteno, violaxantina e neoxantina. O principal componente da fração carotenoide do azeite de oliva é a luteína. Normalmente, o teor total de carotenoides varia entre 1 ppm e 20 ppm no azeite de oliva. O β-caroteno é encontrado em concentrações que variam entre 0,5 ppm e 4 ppm.

Compostos aromáticos

A formação de compostos aromáticos é consequência da destruição celular da azeitona, que desencadeia um processo enzimático no qual ocorrem reações de hidrólise e oxidação. Foram identificados hidrocarbonetos, álcoois, aldeídos, ésteres, fenóis e seus derivados, terpenos oxigenados e derivados do furano. Os aldeídos são os compostos aromáticos maioritários do azeite de oliva.

A concentração de compostos voláteis no azeite de oliva virgem é geralmente inferior a 1 ppm. A composição muda de uma variedade para outra e há até mesmo pequenas diferenças dentro das mesmas variedades cultivadas em diferentes regiões (Kiritsakis A., 1992).

Os aldeídos são o conjunto de compostos aromáticos que transmitem ao azeite de oliva as qualidades aromáticas que o tornam tão peculiar e apreciado. A formação de compostos voláteis é consequência da destruição celular da azeitona, que desencadeia um processo enzimático no qual ocorrem reações de hidrólise e oxidação. Várias rotas de formação de compostos voláteis já foram descritas, Olias *et al.* (1993) propuseram a rota enzimática sequencial para a formação dos compostos aromáticos hexenal, cis-3 hexenal e trans-2 hexenal, e os ésteres correspondentes.

O perfil dos compostos voláteis de um azeite difere em função de sua qualidade: quanto mais complexo, menor é a qualidade. O AOEV recém-obtido e de boa qualidade apresenta um perfil de compostos voláteis mais simples que o AOEV de baixa qualidade, que tem maior número de compostos voláteis responsáveis por odores desagradáveis e provenientes de diferentes rotas enzimáticas e químicas.

Entre os compostos identificados no aroma do azeite de oliva virgem, existe um número apreciável deles (Aparicio *et al.*, 1996) que, quando cheirados separadamente, podem ser associados a determinadas notas olfativas. Exemplos dos mais representativos são:

Compostos aromáticos do azeite de oliva	
Composto	Nota olfativa
Hexanal	Frutado verde, maçã
Trans-2 hexenal	Amêndoa amarga
1-hexanol	Frutado, aromático, suave
3-metil-butanol	Não desejável

Outros têm sido associados a características sensoriais que correspondem a aromas não desejáveis.

Cabe mencionar a importância das características organolépticas do azeite de oliva. O cheiro e o sabor de um alimento proporcionam prazer, modificando a composição do suco gástrico em razão da maior concentração de pepsina, o que ocasiona uma melhor atividade digestiva.

Compostos fenólicos

Compostos fenólicos são estruturas químicas formadas por um anel aromático ligado a um ou mais grupos hidroxila, incluindo também derivados funcionais como ésteres, ésteres metílicos, glicosídeos etc. Esses compostos estão distribuídos por todo o reino vegetal e é mais comum encontrá-los na natureza conjugados com um ou mais resíduos de açúcar ligados a grupos hidroxila, embora em alguns casos possam ser produzidas ligações diretas entre uma molécula de açúcar e um carbono aromático. A composição fenólica dos azeites de oliva é o resultado da interação de diversos fatores, entre eles o cultivar, o grau de maturação, o clima (Uceda e Hermoso, 2008), bem como o tipo de moagem, condições de batimento etc. (Catalano e Caponio, 1996).

O mesocarpo e a semente da azeitona contêm compostos fenólicos, solúveis em água. Durante o processo de extração do azeite, a água de vegetação carrega a maior parte dos fenóis; os que permanecem, ou alguns deles, atuam como antioxidantes (Vázquez *et al*. 1973; Forcadell *et al*., 1987; Mesa *et al*., 1990). A diminuição dos fenóis no processo de extração do azeite de oliva deve-se a todas as práticas que favoreçam a dissolução desses compostos na água dos tecidos ou na água de adição.

Os compostos fenólicos são importantes para a qualidade do azeite de oliva virgem. Os fenóis naturais proporcionam ao azeite grande resistência à oxidação.

Eles podem ser classificados em:

- **Álcoois fenólicos** – Os álcoois fenólicos são: hidroxitirosol ou (3,4-dihidroxifenil) etanol, tirosol ou (p-hidroxifenil) etanol e (3,4-dihidroxifenil) etanol glicosídeo. O tirosol e hidroxitirosol são os compostos fenólicos encontrados em maior quantidade no azeite de oliva.

- **Ácidos fenólicos** – Derivados do ácido benzoico, são provenientes de fenilpropanoides pela perda de uma estrutura de dois carbonos. Eles foram os primeiros fenóis identificados no azeite de oliva virgem.

    São subdivididos em dois grandes grupos:

    Ácidos benzoicos: ácidos benzoico, p-hidroxibenzoico, protocatecuico, gálico, vanílico e siríngico.

    Ácidos cinâmicos: ácidos cinâmico, cafeico, ferúlico, sinápico, cumárico.

- **Flavonoides** – Os flavonoides são metabólitos secundários vegetais de ampla distribuição, cujo esqueleto básico de difenilpropano (C6-C3-C6) apresenta diferentes graus de oxidação no anel pirano. Eles constituem uma das frações maioritárias do fruto da oliva. Durante o processo de extração do azeite, são parcialmente transferidos para este, constituindo uma das frações maioritárias do azeite de oliva virgem. No azeite de oliva, vários autores citam a luteolina e a apigenina como os flavonoides mais abundantes.

- **Lignanas** – São um grupo de dímeros fenilpropanoides unidos por uma ligação 8-8'. Elas estão estruturalmente relacionadas à lignina e, em alguns casos, fazem parte dela. Inicialmente, foram detectados dois epoxilignanos, o (+) 1-acetoxipinoresinol e o (+) pinoresinol. Posteriormente, o (1)-hidroxi pinoresinol foi identificado no azeite de oliva virgem.

- **Secoiridoides** – Os secoiridoides são os principais componentes da fração fenólica do azeite de oliva virgem. Esse grupo fenólico é constituído por derivados da oleuropeína e do ligustro, fenóis maioritários da oliva que, durante o processo de extração do azeite, pelo efeito do meio ácido da massa e da atividade da β-glicosidase, perdem a molécula de glucose, formando os derivados secoiridoides ou formas aglicônas.

  A oleuropeína secoiridoide confere sabor amargo às azeitonas e é encontrada em concentração muito baixa no azeite, embora principalmente na forma de aglicona. Constitui 14% do peso seco das olivas verdes e é hidrolisada durante o amadurecimento da oliva, produzindo várias moléculas mais simples, como 3,4-DHPEA-EDA, posteriormente hidrolisado em hidroxitirosol (3,4-DHPEA) e ácido elenólico.

  Os secoiridoides mais abundantes no azeite de oliva virgem são a forma dialdeídica do ácido elenólico (EDA) ligada ao hidroxitirosol ou tirosol, respectivamente denominados 3,4-DHPEA-EDA e p-HPEA-EDA, e um isômero da oleuropeína aglicona 3,4-DHPEA-EA.

- **Outros compostos** – Outros compostos não pertencentes às famílias descritas também são encontrados no azeite de oliva, como o aldeído fenólico vanilina, o verbascosídeo e um heterosídeo do ácido cafeico.

EFEITOS DO AZEITE DE OLIVA VIRGEM NA SAÚDE

Um aspecto intimamente relacionado ao papel do azeite de oliva virgem na prevenção de doenças é quais componentes de sua fração fenólica são de maior interesse e quais formas são as mais ativas. A seguir, são discutidos os efeitos atribuídos a alguns compostos fenólicos na saúde.

Ácidos graxos

Os ácidos graxos poli-insaturados de cadeia longa têm grande importância biológica em nossa saúde. Como não podem ser sintetizados pelo organismo, devem ser supridos diariamente com a dieta. O azeite de oliva é uma boa fonte dietética desses ácidos. Por outro lado, a presença de ligações insaturadas expõe os ácidos graxos ao ataque de oxigênio. Isso origina a auto-oxidação, fenômeno proporcional ao número de ligações duplas existentes, contrário à natureza e à concentração de substâncias antioxidantes desses ácidos.

Embora se deva recordar que os ácidos graxos monoinsaturados dificilmente desencadeiam processos de peroxidação, no organismo humano conferem uma boa fluidez às membranas celulares, não provocando a inibição dos receptores de LDL (lipoproteína responsável pelo transporte do colesterol e que, quando peroxidada, não reconhece receptores celulares).

Assim, o azeite de oliva tem uma composição ácida com uma insaturação não muito elevada, mas adequada para cobrir as necessidades essenciais em poli-insaturados, e numerosas substâncias antioxidantes que lhe possibilitam manter uma estabilidade particular.

Hidratos de carbono

O β-caroteno atua como um simples atenuador de oxigênio no processo de foto-oxidação do azeite de oliva, produzindo efeito contrário ao exercido pelos sensibilizadores (clorofilas e feofitinas). Pela ação desse carotenoide e reação física ou química, o oxigênio simples é desativado para seu estado básico. O β-caroteno é dotado de vitamina A e ação antioxidante não enzimática celular (Viola P., 1997).

Esteróis

O azeite de oliva é o único azeite que apresenta alto nível de β-sitosterol, o que é interessante para a saúde, pois se opõe à absorção intestinal do colesterol (Viola P., 1997).

Álcoois triterpênicos e ácidos hidroxi-triterpênicos

No azeite de oliva virgem, o cicloartenol favorece a excreção fecal do colesterol, aumentando a secreção de ácidos biliares (Viola P., 1997).

Tocoferóis

Os tocoferóis têm atividade biológica vitamínica. Tanto os tocoferóis quanto os trienóis são denominados vitamina E. A forma α é mais ativa e, portanto, considerada a vitamina autêntica.

Clorofilas

A clorofila exerce biologicamente uma ação para estimular o metabolismo, o crescimento celular, a hematopoiese e acelerar os processos de cicatrização.

Compostos fenólicos

Hidroxitirosol

Depois do ácido gálico, o hidroxitirosol é considerado um dos mais poderosos antioxidantes naturais. Os benefícios biológicos do consumo de azeite de oliva têm sido associados à presença de grandes quantidades de hidroxitirosol (HT) e seu precursor oleuropeína no azeite de oliva não refinado (extravirgem). É importante destacar a ausência de toxicidade por hidroxitirosol, observada em dados científicos disponíveis, mesmo em altas concentrações tanto *in vitro* quanto *in vivo*.

As propriedades mais importantes atribuídas a esse composto são:

- **Diminuição do risco cardiovascular e das cardiopatias** – O hidroxitirosol previne a oxidação do colesterol de baixa densidade (LDL). Uma vez que o LDL oxidado desempenha papel fundamental no desenvolvimento da aterosclerose e de doenças relacionadas, como cardiopatia coronária e acidente vascular cerebral, o HT é um agente útil para diminuir o risco de desenvolver essas doenças.

- **Prevenção do câncer** – Existem duas maneiras pelas quais o HT pode ser benéfico na proteção das células contra a transformação cancerosa: mediante a proteção do DNA contra os danos dos radicais livres e por meio da indução de apoptose ou morte celular, em razão do efeito antiproliferativo demonstrado *in vitro*.

- **Neuroproteção** – Pesquisadores científicos descobriram que o HT protege as células do sistema nervoso central da morte após a exposição a indutores de estresse oxidativo, como a proteína beta-amiloide, que é depositada nos neurônios durante a doença de Alzheimer.

- **Atividade anti-inflamatória** – Com base nos resultados observados em modelos celulares *in vitro*, o HT bloqueia a geração de radicais livres, o que abre novas possibilidades para seu uso como anti-inflamatório de origem natural.

- **Dermoproteção** – Em ensaios celulares *in vitro* e em razão de sua atividade antioxidante, o HT demonstrou proteção eficaz contra a radiação ultravioleta do tipo UVB em células epiteliais, suprimindo os radicais livres por ele gerados de forma dose-dependente.

Além disso, com base na hipótese de que os radicais livres contribuem para as alterações fisiológicas durante o envelhecimento, o HT poderia desempenhar um papel importante na desaceleração do processo, bloqueando assim as consequências externas dele. As propriedades lipofílicas e hidrofílicas do HT o tornam um apropriado antioxidante natural, com excelentes propriedades físicas para uso cosmético.

Para além das atividades do HT como antioxidante, em razão da verificação de sua atividade microbicida por equipes científicas especializadas mais recentemente, tem-se sugerido que ele pode abrir novas possibilidades de uso com base em seu potencial microbicida em níveis diferentes.

- **O hidroxitirosol e a prevenção da infecção pelo vírus HIV** – Foi descrito que o hidroxitirosol inibe a proliferação do HIV de forma dose-dependente por meio do bloqueio da enzima integrase, que tem papel fundamental na etapa de integração do vírus no DNA do linfócito durante o ciclo natural de infecção. Como o anel dihidroxi fenólico se liga a duas regiões diferentes da integrase, sugeriu-se que o HT pode manter a capacidade de se ligar ao sítio ativo da integrase mesmo na presença de mutações. Consequentemente, com HT a probabilidade de desenvolver resistência seria menor que com outros fármacos que se ligam a um único sítio.

- **O hidroxitirosol é um agente antiviral de amplo espectro** – A atividade descrita contra o HIV, pela qual o HT bloqueia a integrase viral, também é importante como atividade antiviral não apenas contra outras classes de vírus que proliferam por mecanismos de ação semelhantes mas também contra vírus acondicionados em seu capsídeo, conforme relatado recentemente em casos de diferentes cepas de rotavírus e vírus influenza.

Apigenina e luteolina

Outros compostos fenólicos com efeito marcante na saúde são os flavonoides apigenina e luteolina. Demonstrou-se que o consumo de flavonoides está associado à redução da incidência de doenças cardiovasculares em vários estudos epidemiológicos prospectivos. Além de seus conhecidos efeitos antioxidantes, os flavonoides apresentam outras propriedades, que incluem a estimulação das comunicações por meio das junções em fenda, o impacto na regulação do crescimento celular e na indução de enzimas de detoxificação, tais como as mono-oxigenases dependentes de citocromo P-450, entre outras 11. Embora vários estudos indiquem que alguns flavonoides têm ações pró-oxidantes, elas ocorrem apenas com altas doses, confirmando na maioria das investigações a existência de efeitos anti-inflamatórios, antivirais ou antialérgicos e o papel protetor contra doenças cardiovasculares, câncer e diversas patologias.

Oleuropeína

A oleuropeína é o caso mais particular dentro dos secoiridoides. Essa molécula tem mostrado o potencial antioxidante desse grupo de compostos. Em estudos com animais, a oleuropeína (administrada por injeção ou por via intravenosa) demonstrou diminuir a pressão sanguínea e dilatar as artérias coronárias. Além disso, em um estudo *in vitro*, observou-se que a oleuropeína inibe a oxidação do colesterol transportado pelas lipoproteínas de baixa densidade (LDL). A oxidação do colesterol LDL pode levar ao aparecimento de doenças cardíacas. A oleuropeína demonstrou também ter certas propriedades antibacterianas. Vale ressaltar que, em estudo recente, foi atribuído a esse composto um papel preventivo na perda de massa óssea.

Ácidos fenólicos

Outros compostos fenólicos presentes no azeite que demonstraram efeito na saúde são os ácidos fenólicos. Eles são antioxidantes e apresentam papel protetor contra doenças relacionadas ao dano oxidativo (doença cardíaca coronariana, derrame e câncer). Às lignanas também são atribuídos efeitos antioxidantes, que ajudam a combater os efeitos dos radicais livres prejudiciais.

5 COZINHANDO COM AZEITE DE OLIVA

O brasileiro não tem o hábito de usar o azeite de oliva ou extravirgem na cozinha. Nossa herança portuguesa, bem como a de outros países do Mediterrâneo, deixaram sementes desse uso em apenas ¼ da população do país. O consumo per capita brasileiro chegou recentemente a 0,5 l, quando há sete anos era de apenas 0,25 l.

Se o desconhecimento sobre esse alimento é grande no mundo, mesmo com tanta transformação em sua elaboração, no Brasil não é diferente. Apesar de não termos tradição em olivicultura e de o consumo ter se mantido apenas entre a elite social até o início do século XXI, há muitas oportunidades surgindo.

Por ter se tornado um país produtor muito recentemente, a tecnologia de produção instalada no Brasil é a mais moderna, o que favorece a elaboração de um produto de muita qualidade. Ainda que de custo mais elevado e pequeno volume, o padrão sensorial de frescor do azeite nacional tem alavancado o consumo e o patamar de qualidade. Esse é o processo em curso no país, que podemos considerar acelerado quando comparamos ao de regiões onde azeites são produzidos secularmente com tradições bem enraizadas.

Desde que comecei a percorrer os concursos internacionais de azeite, viajando e frequentando restaurantes e cozinhas pelo mundo, impressionou-me a quantidade de mitos e desinformação sobre o tema em conversas, nas redes sociais e até em meios acadêmicos e gastronômicos. Isso não é privilégio do Brasil! Da informação embutida em códigos de barra a métodos caseiros para conferir autenticidade, escolha por acidez como parâmetro de sabor, cores de rótulo como indicação para métodos de cocção, saturação de gordura por aquecimento, azeites de primeira e segunda extração; são incontáveis os tópicos.

Como sou apenas um cozinheiro estudioso, não explanarei aqui todas as rotas químicas executadas por moléculas de ácidos graxos quando submetidas a estresse térmico sob temperaturas elevadas, ou mesmo como se mede a acidez do azeite pelo percentual de ácido graxo. Mas é fato comprovado que, quanto mais

saturada for uma gordura, mais estável ela é a alta temperatura, e acidez de azeite não é medida de sabor nem de pH, muito menos de ácido acético, é um parâmetro qualitativo e classificatório e nada serve como atributo de escolha do produto.

Um dos principais mitos sobre o tema é que o azeite, seja de oliva, seja extravirgem, não pode ser aquecido: "o azeite satura", "se torna uma gordura nociva", "vira óleo", "faz mal à saúde", "rótulo vermelho pode, verde não"... Há tantos bordões quanto desinformação.

Para simplificar o assunto, já que estamos falando do uso em cozinha, sempre que escolhemos uma gordura para nossos preparos culinários, se não consideramos a herança cultural, consideramos três fatores:

1. O custo: tendo ou não um negócio gastronômico, seja no orçamento doméstico, seja no orçamento de um empreendimento, esse é o fator mais preponderante no momento da escolha.

2. O sabor: cada gordura aportará um sabor distinto. A banha de porco, a manteiga, o óleo de coco, o óleo de gergelim, óleos como de soja, milho, girassol ou canola também conferem pequenos sabores.

3. A estabilidade oxidativa: é comum a informação sobre a degradação das gorduras a altas temperaturas, quando a ruptura das cadeias de ácido de graxo, obedecendo à composição, forma anéis chamados hidroperóxidos. Esses compostos originarão radicais livres, não saudáveis para o organismo humano quando consumidos com frequência.

Por isso, banha de porco, dendê, óleo de coco e ghee são usados para cocção e resistem bem às oxidações que degradam a gordura. Gorduras monoinsaturadas como azeite e canola são as mais estáveis, seguidas das poli-insaturadas, como soja, girassol e milho.

Rosemar Antoniassi, doutora em engenharia de alimentos pela Unicamp e pesquisadora da Embrapa Agroindústria no Rio de Janeiro, é uma das maiores autoridades em composição e tecnologia de óleos e gorduras do país e uma profissional a quem recorro para tirar dúvidas sobre o assunto. Em sua explicação, ela diz:

(...) quanto maior for o índice de estabilidade oxidativa (OSI) do óleo, maior será sua estabilidade, porém esse parâmetro não depende apenas da composição em ácido graxos, mas também da presença e teores de antioxidantes, pró-oxidantes, metais etc. Es-

ses resultados são medidos por um equipamento chamado Rancimat Metrohm, no qual o óleo fica sob aquecimento e fluxo de ar constante e os voláteis da oxidação passam por um frasco com água, onde os ácidos carboxílicos (especialmente fórmicos) são solubilizados, aumentando a condutividade elétrica da água. O equipamento registra esse resultado e, com base na curva obtida, calcula-se o OSI em horas.

Esses resultados podem diferir muito entre amostras de azeite, porque maus tratos à matéria-prima na colheita e no processamento são deletérios para a qualidade do óleo. Nos experimentos realizados na Embrapa, para azeite de oliva com análise no Rancimat, os resultados apresentam variação considerável entre distintas variedades de azeitona e entre produtores:

Azeite de oliva extravirgem – variedade Arbequina – de 6 a 24 horas (Rancimat, 110 °C, 10 l/h)

Azeite de oliva extravirgem – variedade Koroneiki – de 17 a 34 horas (Rancimat, 110 °C, 10 l/h)

O que poderia explicar essas diferenças? Sabe-se que o teor de ácido linoleico (C18:2) é maior na variedade Arbequina e menor na Koroneiki. Há uma tendência de menor estabilidade com aumento do C18:2, que é um ácido graxo mais susceptível à oxidação que o ácido oleico (C18:1). Mas a diferença entre azeites da mesma variedade provavelmente seja decorrente do estado de maturação da azeitona e dos bons ou maus tratos à matéria-prima na colheita, armazenamento, extração de óleo e armazenamento do óleo.

Para comparação, a análise de óleo de soja e girassol refinados apresentou OSI de 15,3 e 4,1 horas no Rancimat a 98 °C e 8,33 l/h. Ou seja, para uma temperatura mais baixa, o resultado desses óleos seriam menores que os obtidos com azeite de oliva. Existem muitos resultados publicados sobre o OSI, mas condições de tempera-

tura e fluxos de ar diferentes dificultam a comparação. Mas sabe-se que, quanto maior a temperatura, menor será o OSI.

Quanto ao ponto de fumaça, a diferença entre um azeite virgem e os óleos refinados é que, no caso do azeite que apresenta maiores teores de ácidos graxos livres, o resultado seria menor porque haveria o momento de destilação dos ácidos graxos livres, enquanto para um óleo refinado registra-se o ponto de fumaça quando começa a ocorrer degradação dos triacilgliceróis. Mas isso não quer dizer que a estabilidade do azeite de oliva virgem seria menor que a de um óleo refinado.

Gorduras são indutoras de calor na cocção, proporcionam sabores, crocâncias e valores nutricionais distintos. O consumo moderado sempre será recomendado, mas é indiscutível que, entre os lipídeos à disposição da dieta humana, os sumos extraídos da azeitona (óleo do bagaço da oliva, azeite de oliva, extravirgem clássico e extravirgem fresco) são os mais ricos nutricionalmente por sua composição em ácido oleico, gordura monoinsaturada. Entre os extravirgens, atributos sensoriais de frescor são indicadores de maiores concentrações de polifenóis, antioxidantes que beneficiam a nossa saúde.

De pré-preparos culinários a métodos de cocção, finalização de entradas, principais e sobremesas, podemos usar azeite em todas as etapas. Para cada uso, sempre haverá um azeite distinto, mas, simultaneamente, o mesmo azeite pode ser utilizado do início até o fim.

Por ser um lipídeo e um ingrediente condimentar, não há muitos segredos quando se trata de harmonização. No mínimo, ao acrescentar azeite ao prato, a untuosidade estará presente e a função plástica ocorrerá, mas é importante destacar que atributos negativos como rançoso, fermentado ou avinagrado podem deixar sabores marcantes desagradáveis; já um frutado fresco, tanto maduro quanto herbáceo, sempre agregará, harmonizará ou realçará sabores. Por isso, sempre digo que não há regras, mas, sim, orientações. De modo geral, as harmonizações do azeite ocorrem, majoritariamente, por semelhança, como ilustrado no gráfico a seguir:

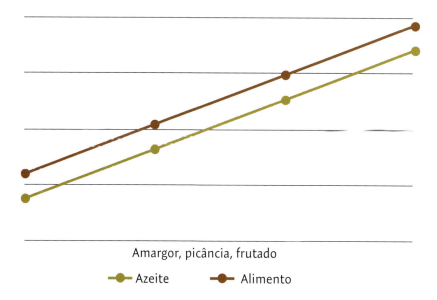

Amargor, picância, frutado

━●━ Azeite   ━●━ Alimento

Com base nessas orientações simples, seguem algumas dicas:

- Azeites com maior amargor harmonizam com carnes mais fortes, ricas em ferro, com alimentos defumados ou gordos.
- Azeites mais picantes, com queijos picantes, alimentos mais condimentados, crustáceos e mariscos.
- Azeites "doces", mais maduros, com ausência de amargos e picantes, harmonizam bem com peixes brancos, moluscos e carnes brancas não grelhadas.
- Azeites com características herbáceas remetem a saladas e carnes leves.
- Deve-se balancear o salgado, os aromas e as especiarias de uma preparação ao frutado de um azeite. Quanto mais esses fatores aumentarem, maior deverá ser o frutado do azeite.
- Do mesmo modo, o sabor amargo de uma preparação à percepção de verde do azeite. O amargo do azeite não realça o amargo dos alimentos, harmoniza.
- Assim como o doce e a gordura à percepção de doce e maduro do azeite ou, nesse caso, pode-se optar por contraste.

Algumas considerações finais para a escolha de seu azeite, reiterando pontos que quebram os mitos:

- Escolha azeites de oliva, bem como óleo de bagaço de oliva, preferencialmente para os preparos culinários: frituras, refogados, confitados.
- Escolha extravirgens que se adéquem a variados pratos, cada um emprestará sabores distintos. Não se prenda à marca nem à origem, mas às características de frescor.
- O parâmetro da acidez não é gustativo, apenas qualitativo e técnico, não deve servir como guia para a escolha do produto.
- Percorra o próprio caminho, buscando o principal atributo positivo: o aroma frutado e fresco.
- O amargo e o picante devem estar harmônicos. Sempre prove o azeite antes de usar, tanto na finalização quanto no preparo.
- Extravirgens também podem ser aquecidos. Use-os para fritar, se desejar. Para métodos de cocção, evite apenas os não filtrados, pois as micropartículas da azeitona em suspensão podem queimar e amargar.
- Seu ponto de queima é um dos mais altos entre todas as gorduras vegetais.
- Seus aromas voláteis podem se perder ao serem aquecidos, no entanto sua estrutura molecular é mantida e seu valor nutricional é apenas parcialmente perdido.
- A aromatização de azeites pode ser feita com inúmeras ervas e especiarias.

Presenteamos você, leitor, com 19 receitas que incluem azeite no preparo, na finalização ou em ambos. Entre elas, há uma antiga receita de minha família italiana, em que frito as *polpette* em azeite; dra. Brígida também apresenta seus famosos *mantecados* de azeite e 17 chefs convidados nos regalam, cada um, com uma preparação única, na qual encontraremos uma breve orientação sobre o perfil sensorial do azeite a ser usado.

Deliciem-se!

receitas dos chefs

O azeitólogo

Por Bernardo Bastos

Desde que conheci o querido Marcelo Scofano na Pesquisa em Gastronomia e Inovação na Cozinha do Senac RJ, apresentado pela estimada chef Gisela Abrantes, fiquei intrigado com o poder sedutor do azeite. Sua picância, seu amargor e o modo como envolve a nossa língua simplesmente me pareciam perfeitos para um coquetel. Pesquisando sobre foodpairing, me deparei com a combinação de baunilha, azeite e limão. Então, resolvi pesquisar drinques que levavam azeite e encontrei o Oliveto, drinque popular em Minnesota (Estados Unidos).

Estudei a receita e dei meu "toque": adicionei gim nacional, utilizei o Licor 43 e misturei com a base do basil smash. O resultado é um drinque surpreendente, cremoso, em que o azeite é coprotagonista, preenchendo sua boca com a maciez incrível que só a clara de ovo em drinques tipo *sour* traz. O azeite vem para completar essa mistura e trazer uma complexidade diferente de tudo que já provei. A suavidade do Maniuara, assim como suas notas adocicadas e especiarias nacionais, trazem complexidade e profundidade ao drinque. Por fim, o frescor do manjericão e a acidez do limão equilibram a bebida, fazendo uma festa em sua boca. Umami puro! Um drinque digno de um bom azeite!

RENDIMENTO: 1 PORÇÃO

- 15 ml de suco de limão
- 15 ml de azeite extravirgem (entrada adocicada, amargor e picância medianos; um azeite de frutado médio)
- 15 a 20 folhas de manjericão
- 45 ml de gim Amázzoni Maniuara ou uma combinação de 30 ml de gim de sua preferência e 15 ml de xarope simples
- 30 ml de Licor 43 (predominância de baunilha)
- Clara de 1 ovo pequeno (aprox. 35 g)
- Gelo
- 2 gotas de solução salina (20% de sal dissolvido em água)

1. Misture na coqueteleira o suco de limão, o azeite e o manjericão. Macere bem o manjericão, até que o líquido no copo adquira coloração esverdeada.
2. Adicione então o gim, o licor e a clara de ovo.
3. Faça dry shake (bater sem gelo) por 2 minutos (entre 120 e 150 batidas).
4. Adicione o gelo e a solução salina, e bata novamente até que a coqueteleira esteja bem gelada (até a mão grudar).
5. Faça uma coagem dupla (strainer e peneira) em uma taça estilo vintage previamente resfriada.
6. Após a formação de espuma, decore com uma folha de manjericão e 3 gotas de azeite. Saúde!

Carpaccio de palmito pupunha com edamame, castanha-da-amazônia, cumaru e azeite extravirgem

Por Jérôme Dardillac

O azeite de oliva é o alimento ancestral que nunca pode faltar em minha cozinha. Adoro a cozinha *du soleil*, ou seja, uma cozinha leve, com ingredientes frescos sazonais, vegetais, peixes e frutos do mar. Uso o azeite de várias maneiras, a frio, quente, para marinar, temperar e também, claro, para trazer muitos benefícios nutricionais. Nesta receita, utilizei um azeite brasileiro Casa Albarnoz, um blend das variedades Arbequina, Arbosana e Koroneiki, que combina muito bem com o palmito pupunha fresco, cuja porosidade absorve o azeite proporcionando um sabor intenso e elegante ao mesmo tempo. Um casamento dos deuses!

Alguns anos atrás, tive o privilégio de receber o maestro azeitólogo Marcelo Scofano, que ministrou uma palestra espetacular em meu hotel. Aprendi muito e fiquei encantado com os segredos dos azeites. Sem dúvida alguma, hoje no Brasil conseguimos encontrar vários tipos de azeite, cujos pequenos produtores estão fazendo um trabalho maravilhoso graças ao embaixador Marcelo, que ensinou vários produtores e chefs no Brasil e no mundo. Obrigado pela generosidade de compartilhar seu *savoir faire*.

RENDIMENTO: 4 PORÇÕES

- 260 g de palmito pupunha coração sem casca
- 120 ml de azeite de oliva extravirgem frutado leve
- 50 g de castanha-da-amazônia
- 80 g de edamame
- Cumaru q.b.
- Variedades de brotos orgânicos q.b.
- Variedades de flores comestíveis orgânicas q.b.
- Flor de sal q.b.
- Pimenta-do-reino q.b.
- 1 limão-siciliano

1. Fatie o palmito pupunha coração em fatias finas e deixe marinar em azeite durante 10 minutos.
2. Em um prato frio, disponha o palmito de maneira intercalada até cobrir todo o fundo do prato.
3. Pique as castanhas grosseiramente.
4. Branqueie o edamame e retire a casca. Coloque-os em um bowl com raspas de cumaru e azeite de oliva.
5. Espalhe sobre o palmito as castanhas e o edamame, os brotos e as flores comestíveis orgânicos.
6. Finalize com um fio de azeite de oliva caprichado, flor de sal, pimenta-do-reino moída na hora e zeslo de limão-siciliano.

Vinagrete de polvo

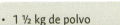
Por Manoela Zappa

RENDIMENTO: 4 PORÇÕES

- 1 ½ kg de polvo
- 1 cebola cortada ao meio
- ½ xícara de azeite extravirgem frutado verde médio
- Suco de 1 limão
- Raspas de limão a gosto (pode abusar)
- 4 dentes de alho
- 3 tomates picados
- 1 pimenta dedo-de-moça
- Sal e pimenta-do-reino a gosto
- Coentro a gosto (folhas e talo)
- Salsa a gosto

1. Cozinhe o polvo na pressão com metade da cebola. Conte 8 minutos depois de iniciada a pressão.
2. Misture o azeite com o suco de limão.
3. Corte o polvo e adicione o azeite.
4. Junte o alho picado, o tomate, o restante da cebola, a pimenta dedo-de-moça. Tempere e acerte sal e pimenta. Por último, adicione o coentro e a salsa.

Creme de agrião, nuvem de burrata e pão torricado

Por Ana Roldão

"Tudo começa na oliveira e na terra que a enleia."
Ditado popular português

Apresentados por uma amiga em comum, Marcelo Scofano me encantou e me despertou uma curiosidade quase infantil ao conhecê-lo... "Meu deus, um azeitólogo!", pensei. Era um termo que não existia em Portugal, quase um personagem mágico daqueles que nos fazem viajar nas histórias infantis! Eu logo quis impressionar, contando as minhas histórias sobre azeite, pois como filha de alentejano toda a comida que comemos em casa é feita sempre em azeite; quase tudo à lagareiro.

Como historiadora, ficava embevecida ao falar com Marcelo sobre nosso "ouro líquido". Conversas, lives, projetos e agora tenho o prazer de estar escrevendo este pequeno texto para contar um pouco sobre esse singelo encontro. Como disse antes, Marcelo nos enleia com sua sabedoria e histórias sobre azeite; nos ensina, nos guia por essa cultura milenar e nos envolve, sempre com seu olhar meigo e fraterno da cor da azeitona!

RENDIMENTO: 4 PORÇÕES

Creme de agrião

- 3 molhos de agrião (folhas e talos)
- 1 kg de batata-inglesa
- 1 cebola grande
- 1 dente de alho
- Água até cobrir
- Sal q.b.
- 200 ml de azeite extravirgem de frutado verde médio ou intenso
- 1 burrata

Pão torricado

- 1 pão de fermentação natural
- 2 dentes de alho cortados ao meio
- 100 ml de azeite

Creme de agrião

1. Higienize os agriões, retire os talos mais grossos e reserve.
2. Descasque e corte em pedaços as batatas, a cebola e o alho.
3. Em uma panela, coloque as batatas, a cebola, o alho, o agrião e cubra todos os ingredientes com água.
4. Tempere com sal e deixe cozinhar por 20 a 30 minutos com a panela tampada.
5. Quando os legumes estiverem cozidos, bata o preparo no liquidificador, colocando a água da cozedura aos poucos, até obter a consistência de creme.
6. Coloque de volta na panela, adicione o azeite e deixe ferver.
7. Disponha o preparo em uma terrina e "jogue" a burrata sobre a sopa bem quente.
8. Sirva o creme de agrião com as fatias de pão torricado à parte.

Pão torricado

1. Corte o pão em fatias.
2. Esfregue o alho no pão.
3. Regue o pão com azeite.
4. Leve ao forno por 5 minutos ou até obter aparência de torrada.

Biscoito azeitado

Por Brígida Jimenez

RENDIMENTO: 50 PORÇÕES

- 500 g de farinha de trigo
- 150 g de açúcar refinado
- 1 unidade de limão-siciliano
- 15 ml de rum
- 300 ml de azeite extravirgem arbequina ou frutado maduro
- 100 g de açúcar de confeiteiro (opcional)

1. Misture a farinha, o açúcar, as raspas de limão, o rum e acrescente o azeite fio a fio, até obter uma massa homogênea.
2. Espalhe a massa sobre uma superfície lisa e, com um rolo de confeiteiro, deixe-a com a espessura de meio centímetro.
3. Corte no formato desejado, coloque em um tabuleiro untado com azeite e farinha e asse a 180 °C por cerca de 20 minutos ou até dourar.
4. Deixe esfriar, polvilhe com açúcar de confeiteiro (opcional) e sirva.

Cuscuz amazônico

Por Teresa Corção

O azeite foi um ingrediente sempre presente em minha infância, quando a cozinha com raízes portuguesas imperava. Em geral, usava-se aquela lata de azeite importado de Portugal em peixes e saladas. Passei anos de minha vida como chef de cozinha pensando no azeite da mesma maneira. Por meio do Marcelo, a descoberta há algumas décadas das inúmeras etapas de produção cujo resultado proporcionasse um ou outro efeito, das diferentes variedades de azeitonas e suas características tão contrastantes, e, principalmente, das degustações em que fomos guiados pelo caminho sensorial de tantas texturas e notas fez com que hoje uma latinha não mais me satisfaça. Ter dois ou três azeites de diferentes variedades e origens contrastantes é hoje parte de meu cotidiano, em que com apenas um fio esverdeado ou dourado posso mudar completamente – e rapidamente – o sabor de um prato frugal cotidiano.

RENDIMENTO: 8 PORÇÕES

- 1 paneiro de farinha-d'água (500 g)
- 450 ml de tucupi
- 450 ml de leite de coco
- 375 g de manteiga
- 50 ml de azeite extravirgem frutado verde leve ou médio
- 5 dentes de alho
- ½ cebola picada
- 2 pimentas dedo-de-moça picadas
- 1 pimentão vermelho médio picado
- ½ maço de salsa picada

1. Hidrate a farinha-d'água com tucupi e leite de coco e reserve por 2 horas.
2. Em um frigideira, coloque a manteiga e o azeite, e doure o alho e a cebola.
3. Acrescente a pimenta dedo-de-moça e os pimentões picados finamente, mexendo sempre.
4. Adicione a farinha hidratada e a salsa picada.

Obs.:
- O leite de coco pode ser substituído por leite de amêndoa ou leite de vaca.
- O tucupi pode ser substituído por caldo de alguma proteína ou vegetais.
- Os vegetais podem ser colocados crus e frios.
- Este cuscuz pode ser servido frio como salada ou quente como guarnição de legumes assados no azeite, sal, pimenta-do-reino e ervas, carnes e peixes assados ou guisados.

Focaccia slow

Por Rafael Brito Pereira

Transformei-me em padeiro tardiamente. E foi no início desse processo que se deu boa parte da formação do que entendo como alimento de verdade. Uma das pessoas primordiais nesse período foi o autor deste livro. Marcelo, amigo e mestre, me deu a primeira aula sobre a imensa responsabilidade de colocar comida na mesa das pessoas. Principalmente em relação à origem dos ingredientes. E, assim, fui aprofundando esse conceito durante a minha trajetória. Hoje, minha padaria, a The Slow Bakery, é reconhecida no país como exemplo de produção de alimento bom, limpo e justo.

Vivemos uma era de redescobertas na produção de alimentos. Tanto no processo produtivo e seus impactos no meio ambiente como nas relações de trabalho. Começamos a entender, por exemplo, o que é o azeite além da gôndola, da garrafinha. As especificidades de produção, como consumir para ter o melhor que um azeite fresco pode entregar. E fazer a própria comida, como esta focaccia, é uma oportunidade de escolher quais ingredientes vamos comprar, de quais produtores, qual azeite vamos usar e que tipo de produção vamos financiar. Afinal, azeitar é preciso.

PASSO 1

O fermento natural: podem ser chamados pães de fermentação natural apenas os que não incluem nenhum tipo de fermento industrializado na receita, somente o fermento natural ou levain, como é mais conhecido. Esta massa é assim, feita com quatro ingredientes: farinha, água, azeite e sal.

E tudo começa com o starter... Existem duas maneiras de ter um fermento natural: produz-se do zero ou adquire-se um pronto. Na Slow, a gente doa.

Alimentando o fermento natural

- 100 g de levain
- 200 g de farinha 00
- 200 ml de água

1. Para alimentar o fermento, retire uma parte de levain, acrescente duas partes de farinha 00 e duas partes de água filtrada. Misture tudo até ficar homogêneo. Faça isso em um pote com capacidade de, pelo menos, 3 a 4 vezes o peso final da mistura.

2. Após ser alimentado, o levain entra em processo de fermentação. Ele cresce em determinado tempo, que depende da temperatura: pode ser em 4 a 5 horas em dias quentes ou até 12 horas em temperaturas que giram em torno de 18 °C. Assim que alcançar a potência máxima, o fermento pode ser usado para fazer pão, para incorporar à massa.

3. Teste seu fermento antes de começar a massa. Coloque um pouco de fermento em um recipiente com água: se ele boiar, estará no ponto. Caso ele não boie, deixe descansar por mais uma hora.

PASSO 2

A massa

É aqui que começamos a fazer nossa focaccia. O processo de fermentação natural é lento e o fermento tem uma acidez que possibilita panificar sem a necessidade de muita sova. Isso funciona bem em massas mais hidratadas como a nossa.

Inicialmente, vamos pesar todos os ingredientes em recipientes separados, os secos e os molhados.

- 220 g de levain
- 780 ml de água filtrada
- 1 kg de farinha 00
- 22 g de sal marinho
- 30 ml de azeite extravirgem frutado médio

1. Autólise – Em um bowl, coloque a água e o fermento. Mexa bem até dissolver. Acrescente a farinha e misture com as mãos até formar uma massa homogênea. Deixe descansar de 30 a 40 minutos.

2. Primeira fermentação – Acrescente o sal à massa e misture bem com a mão por cerca de cinco minutos, puxando-a para cima e girando o bowl. Deixe descansar de 3 horas a 3 horas e meia. Durante as primeiras duas horas, vire a massa em quatro partes, como um envelope, a cada meia hora. Nesse momento, acrescente o azeite aos poucos, sem mexer. São quatro viradas no total. Após a última, deixe descansar de 1 hora a 1 hora e meia.

3. Dividir e bolear – Após a primeira fermentação, coloque toda a massa em uma superfície de bancada bem limpa. Acomode a massa como um grande retângulo com espessura entre 5 e 7 centímetros. Jogue um pouco de farinha por cima e, com a espátula, divida a massa em duas ou três partes iguais, conforme o tamanho do tabuleiro utilizado. Acomode cada pedaço de massa no tabuleiro untado com azeite até que ela cubra 80% da superfície.

4. Segunda fermentação – Deixe a massa descansar por cerca de 40 minutos em temperatura ambiente, transfira para a geladeira e deixe por toda a noite. Aqui, você deverá observar qual parte da geladeira é mais fria ou menos fria e adequar a relação tempo e temperatura. A massa pode ficar lá por até 48 horas se a temperatura estiver em torno de 3 °C.

5. Forneando – Retire o tabuleiro com a massa da geladeira e deixe descansar até que atinja temperatura ambiente. Nesse momento, ela deve ter coberto todo o tabuleiro e estar com aparência de atividade. Enquanto isso, preaqueça o forno à temperatura máxima, cerca de 300 °C. Quando a massa estiver pronta para ser assada, fure-a com os dedos de maneira coordenada. Em seguida, basta acrescentar a cobertura desejada e assar por 15 minutos. Na Slow, a focaccia básica é feita com alecrim, azeite e flor de sal na cobertura.

6. Resfriamento – Após o cozimento, retire a focaccia do tabuleiro e deixe-a descansar em uma base arejada, como uma grelha. Para incrementar o visual, pinte a superfície da focaccia com azeite quando ela ainda estiver bem quente.

Tartare de atum oriental com lentilha beluga

Por Flávia Quaresma

RENDIMENTO: 4 PORÇÕES

Lentilha

- 750 ml de água
- 1 dente de alho
- 1 folha de louro
- Sal q.b.
- 200 g de lentilha beluga

Vinagrete oriental

- 25 ml de vinagre de arroz
- 10 ml de shoyu
- 10 ml de suco de limão tahiti
- 10 ml de óleo de gergelim
- 15 ml de mel
- 10 g de pimenta dedo-de-moça
- 80 ml de azeite extravirgem frutado intenso

Tartare

- 400 g de filé de atum fresco em cubinhos (deixe na geladeira até o momento de misturar)
- 15 g de gengibre ralado
- 80 g de cebola-roxa picadinha
- 15 g de pimenta dedo-de-moça picadinha
- Semente de gergelim q.b.
- 160 g de funcho em cubinhos
- Folhinhas de manjericão q.b.
- 80 ml de azeite extravirgem frutado médio
- Sal e pimenta-do-reino moída na hora
- 25 ml de óleo de gergelim
- 1 limão-siciliano (raspas; o suco é opcional)
- 4 g de salsa fresca picada
- 4 g de ciboulette fresca picada

Montagem

Brotos ou ervas para decorar q.b. (opcional)

Lentilha

1. Em uma panela, coloque a água, o alho e o louro. Tempere com sal e leve ao fogo.
2. Quando a água estiver fervendo, adicione a lentilha beluga e deixe cozinhar por 17 minutos.
3. Quando a lentilha estiver *al dente*, separe 100 g para a guarnição e recoloque a panela no fogo para cozinhar o restante por mais 5 minutos. Ela deve ficar bem cozida para ser usada no creme (rendimento total: 400 g).

Vinagrete oriental

1. Coloque todos os ingredientes em um vidro (tipo geleia) e chacoalhe até emulsionar bem.

Tartare

1. Corte o atum em cubos, rale o gengibre, pique a cebola e a pimenta dedo-de-moça.
2. Coloque as sementes de gergelim em uma frigideira antiaderente e leve ao fogo para tostar. Retire do fogo e deixe esfriar.
3. Em um bowl, coloque a lentilha e o funcho e envolva tudo muito bem com o vinagrete oriental. Adicione as folhas de manjericão e reserve.
4. Coloque os cubos de atum em um bowl e adicione o azeite extravirgem, envolvendo bem o atum. Tempere com sal e pimenta-do-reino.
5. Acrescente o óleo de gergelim e, em seguida, os outros ingredientes.

Montagem

1. Coloque um aro sobre o prato e, no fundo, disponha uma camada da mistura de lentilhas, ajustando com o dorso da colher.
2. Por cima, disponha o tartare de atum até cobrir totalmente o aro. Retire o aro e decore com ervas ou brotos e sirva em seguida.

Escabeche de carne

Por Juliana Jucá

Posso afirmar que conhecer Marcelo mudou a minha vida! O ano era 2012 e ele foi meu professor de espanhol. Mas, quando ele começou a falar sobre azeite, ahhh, foi tipo um feitiço! Eu só queria saber mais e mais sobre esse sumo tão precioso. Saí daquela aula com vontade de me banhar em azeite e absorver todo aquele conhecimento. Ficava ansiosa pela volta daquele professor lindo na semana seguinte.

Para minha sorte e gratidão, continuo sua eterna aluna (ainda estou terminando meu master em azeites!), e o tenho como um mestre em minha vida profissional e pessoal! Estudar e trabalhar com o Marcelo é sempre uma oportunidade de aprofundar meus conhecimentos e uma alegria! Obrigada, mestre, por tudo! E como você sempre fala: "Azeitar é preciso!"

RENDIMENTO: 4 PORÇÕES

- 1 peça pequena a média de lagarto redondo
- 2 dentes de alho cortados ao meio
- 2 ramos de tomilho
- 200 ml de vinho branco
- Sal e pimenta-do-reino
- 100 ml de azeite extravirgem frutado médio ou intenso

Molho

- 300 g de cebola fatiada em rodelas finas
- 150 g de pimentão vermelho cortado em tirinhas finas
- 250 ml de azeite
- 100 ml de vinagre branco
- 50 g de açúcar
- Pimenta calabresa e ervas secas para temperar

1. Retire os excessos de gordura da carne e tempere com o alho, os ramos de tomilho, o vinho, o sal e a pimenta-do-reino. Refrigere e deixe adquirir sabor por 2 horas.
2. Passado o tempo de marinada, coloque o azeite em uma panela grande e funda e aqueça em fogo médio. Quando estiver quente, disponha a carne na panela e vá virando para dourar todos os lados, lembrando de manter o fogo médio/baixo. O interior da carne deve atingir 57 °C. Se a carne estiver já bem escura e não tiver alcançado a temperatura interna, retire do fogo e leve ao forno preaquecido por alguns minutos.

3. Uma vez atingida a temperatura, leve a carne inteira para refrigerar. A carne fria é mais fácil de cortar.
4. Para o molho, cozinhe a cebola e o pimentão no azeite com vinagre e açúcar até a cebola ficar bem transparente e mole.
5. Fatie a carne o mais fino possível, acrescente as cebolas com pimentão e apenas um pouco do vinagre do cozimento. Junte todo o azeite (deve ser o quanto baste para que toda a carne fique bastante azeitada – praticamente coberta pelo azeite. Lembre-se de que é quase uma conserva) e adicione a pimenta calabresa e as ervas secas. Corrija o sal.
6. No final, prove e reequilibre os temperos com sal, pimenta e ervas.

Tiraditos de atum

Por Lorena Abreu

Sempre ouvi falar muito bem do Marcelo Scofano. Fui aluna do Senac e ele sempre foi muito bem falado pelas pessoas da instituição e da gastronomia. Uau! Como uma pessoa se interessou tão profundamente por estudar e desvendar azeites? Muito diferente e, ao mesmo tempo, muito exclusivo.

Em minhas andanças por eventos de gastronomia, ali estava ele: palestrando com toda a autoridade e confiança de uma pessoa que sabe o que faz e que tem a certeza de ter escolhido o que ama para fazer pelo resto da vida. Quando fui convidada para fazer parte do time de profissionais que teriam a honra de trabalhar com ele, fiquei eufórica esperando esse dia chegar, pois era a chance de poder ver de perto tudo aquilo que sempre admirei. No primeiro treinamento de que participei, ele ensinou a usar azeite em uma sobremesa. Aquilo foi tão estranho, surpreendente e apaixonante que me senti muito pequena diante das infinitas possibilidades que o universo gastronômico pode criar.

Desde então, meus olhos se abriram e entendi que azeite não é apenas um ingrediente básico do dia a dia, que usamos de qualquer jeito na cozinha. O azeite é um alimento sagrado, histórico e com grandes benefícios para a nossa saúde! Um grande VIVA a esse mestre e grande estudioso desse universo ainda em fase de descobrimento por muitos de nós, colegas de profissão! Obrigada, Marcelo!

RENDIMENTO: 1 PORÇÃO

- 120 g de atum fresco fatiado
- 50 ml de água de tomate
- 10 ml de sumo de gengibre espremido
- Folhas de coentro a gosto para finalizar
- Pitada de pimenta calabresa em flocos para finalizar
- Pitada de flor de sal para finalizar
- Azeite extravirgem frutado verde médio
- Flores comestíveis ou brotos para decorar

Água de tomate
(rende aprox. 250 ml)
- 5 tomates italianos maduros (aprox. 530 g)

Sumo de gengibre
(rende aprox. 20 ml)
- 100 g de gengibre (aprox.)

1. Em um prato, acomode as fatias de atum e reserve.
2. Em uma tigelinha, coloque a água de tomate com o sumo de gengibre e misture bem.
3. Despeje essa mistura no prato com as fatias de atum, decore com coentro, pimenta calabresa, flor de sal, regue com azeite e decore com flores e brotos.

Água de tomate

1. Coloque os tomates em um liquidificador e bata bem. Em seguida, despeje o líquido em um tecido voil fino ou coador de papel sobre um suporte para filtro de café, apoiado em uma tigela para coletar a água do tomate. Em 24 horas, coleta-se 250 ml de água de tomate.
   Obs.: em 1 hora, extrai-se aproximadamente 50 ml.

Sumo de gengibre

1. Forre uma tigela com um voil ou perfex limpo e, por cima, rale o gengibre. Em seguida, esprema bem o paninho em uma tigela até extrair todo o sumo.

Tartare de carne de sol

Por Bianca Barbosa

O azeite tornou-se uma paixão, não só na profissão mas também no lar. Tenho uma filha de 6 anos que ama azeites. Minhas vivências profissional e pessoal caminham juntas, no sentido de me deixar emocionar com a formação do gosto.

Adoro o processo da educação do paladar. Promovo isso no dia a dia de meus dois restaurantes com sabores brasileiros. Ensinar o valor de ingredientes complexos e educar o público para que se torne mais maduro gastronomicamente me emociona.

Vimos no Brasil que os novos comensais estão abertos a experimentações e vivenciar isso é engrandecedor. Na mesa dos restaurantes, há muito afeto no processo de troca.

RENDIMENTO: 4 PORÇÕES

Carne de sol
- 400 g de filé-mignon
- 4 ramos de tomilho
- 2 ramos de alecrim
- 10 g de sal grosso
- 2 g de açúcar mascavo

Maionese
- 2 gemas de ovo
- 1 limão
- Azeite extravirgem frutado maduro
- Sal

Picles
- 100 ml de água
- 100 g de maxixe
- 100 ml de vinagre de vinho tinto
- 2 colheres (sopa) de açúcar
- Sal

Tartare
- 1 colher (sopa) de salsinha picada
- 3 colheres (sopa) de alcaparras picadas
- 1 dente de alho picado finamente
- 6 azeitonas
- 1 cebola-roxa picada finamente
- 2 colheres (sopa) de mostarda de Dijon
- 3 colheres (sopa) de azeite extravirgem frutado verde intenso
- 6 gotas de molho de pimenta (Tabasco)
- 1 colher (sopa) de shoyu
- 1 colher (chá) de molho inglês

Carne de sol

1. Limpe a carne.
2. Debulhe o tomilho e o alecrim.
3. Misture o sal e o açúcar e espalhe a mistura sobre toda a extensão da carne.
4. Espalhe também o tomilho e o alecrim.
5. Deixe a carne secar em varal (pendurada) na geladeira por 4 dias, sem entrar em contato com o sangue.

Maionese

1. Em um bowl, coloque as gemas, o suco do limão e bata com um fouet.
2. Acrescente azeite em fio aos poucos, batendo vigorosamente até obter consistência de maionese.
3. Coloque o sal.

Picles

1. Amorne a água.
2. Fatie o maxixe.
3. Misture a água com vinagre, açúcar e sal.
4. Acrescente o maxixe fatiado e reserve por 2 dias.

Tartare

1. Pique a carne, o maxixe, a salsinha, as azeitonas e as alcaparras.
2. Misture todos os ingredientes e sirva com torradas ou tapiocas.

Maria Izabel com banana frita em azeite

Por Paulo Machado

Quando minha irmã Maria Elvira se mudou para o Vidigal, no Rio de Janeiro, uma de minhas lembranças mais fascinantes foi o grupo de amigos que ela fez. Marcelo, sem dúvida, foi a pessoa que mais se destacou por nossas afinidades. A cada encontro, tínhamos algo a mais para combinar, como um menu de harmonização perfeita ao pesquisar cada vez mais o universo do azeite.

Em minhas passagens pelo Rio, sempre dava um jeito de encontrar o amigo Marcelo, ou ao menos saber dele. Acompanhei a escola de cozinha em Botafogo, a oliveira que ele plantou na Lapa, os ecochefs e os cartazes com as fotos dele no Zona Sul e dos excelentes azeites que ele indica, trabalho pioneiro e de muita responsabilidade.

O mestre em azeites Marcelo é um amigo tão querido que, apesar de a gente se encontrar pouco em razão de tantas viagens de ambas as partes, trocamos sempre mensagens. Aprendo muito com ele a cada encontro, mesmo que virtual, e também compartilhamos essa vontade de ensinar e dividir tudo aquilo que vamos conquistando ao longo dessa jornada pelos sabores.

Obrigado, azeitólogo Marcelo Scofano, por dividir sem receios conosco os ensinamentos do ouro líquido chamado azeite de oliva extravirgem. Escolhi uma receita saborosa de meu repertório pantaneiro e que fica ainda melhor se preparada com azeite.

RENDIMENTO: 6 PORÇÕES

- 1 kg de carne-seca ou carne de sol lampinada (cortada em pedaços pequenos e irregulares)
- 6 bananas-da-terra picadas em rodelas
- 500 ml de azeite extravirgem frutado maduro
- 300 g de bacon bem picadinho
- 2 cebolas picadas
- 1 pimenta dedo-de-moça picada e sem sementes
- 4 dentes de alho amassados no pilão
- 400 g de arroz agulhinha
- 1 ½ l de água quente
- Sal a gosto
- ½ maço de cheiro-verde picado
- Azeite de oliva extravirgem frutado verde médio

1. Deixe a carne-seca de molho em água na geladeira por, pelo menos, duas horas. Se escolher a carne de sol (menos salgada), apenas lave-a para tirar o excesso de sal.
2. Em seguida, corte rodelas de banana e frite-as em uma frigideira por imersão e em fogo alto com cerca de 450 ml de azeite (esse azeite pode ser depois coado e usado em outros preparos; não há necessidade de descartá-lo no primeiro uso). Depois de douradas, reserve-as entre folhas de papel absorvente para que fiquem crocantes. A fritura em azeite deixará as bananas mais saborosas e crocantes.
3. Em uma panela grande, corte a carne lampinada e frite com o bacon nos 50 ml de azeite restantes (cerca de duas colheres de sopa). Quando ela começar a dourar, junte a cebola, a pimenta e refogue por mais alguns minutos. Adicione o alho amassado, acrescente a pimenta e refogue mais um pouco.
4. Quando tudo estiver corado e um fundinho aparecer na panela, junte o arroz e frite-o até começar a ficar transparente. Adicione então a água, mexa para acomodar os ingredientes e cozinhe em fogo brando até que o arroz fique macio e a água seque. Tampe a panela e deixe-o descansar por, pelo menos, 5 minutos.
5. Ajuste o sal e sirva com a banana, o cheiro-verde por cima e um fio de azeite de oliva extravirgem. Sugestão para o prato ficar ainda mais gostoso: sirva com um ovo frito em azeite e gema mole.

Bolo de azeite e café

Por Gisela Abrantes

Sim, somos casados, eu e o lindo Scofano!

Casados na vida da amizade e na gastronomia. Começamos nossos laços em 2015, quando montamos um projeto de pesquisa em gastronomia no Senac RJ, que existe até os dias de hoje. De lá para cá, caminhamos de mãos dadas, com amor ao azeite, à cozinha e ao afeto entre nós.

RENDIMENTO: APROXIMADAMENTE 10 PORÇÕES

- 4 ovos inteiros
- 200 g de iogurte natural, sem açúcar (de preferência, caseiro)
- 1 colher (chá) de essência de baunilha
- ½ xícara de azeite extravirgem frutado verde leve ou frutado maduro
- 1 ½ xícara de açúcar (branco ou demerara)
- Azeite, açúcar (branco ou demerara) e canela em pó para untar a fôrma
- 2 xícaras de farinha de trigo
- 1 colher (sopa) de fermento em pó

Cobertura de café
- 50 ml a 80 ml de creme de leite fresco
- 200 g de açúcar
- 1 xícara de café expresso (curto)
- Folhas de hortelã para decorar

1. Bata tudo no liquidificador, exceto a farinha e o fermento.
2. Acrescente a farinha e o fermento.
3. Misture o açúcar e a canela.
4. Pincele a fôrma com azeite e, em seguida, polvilhe com a mistura de açúcar e canela.
5. Leve ao forno a 160 °C, por 30 a 35 minutos.

Cobertura de café

1. Esquente o creme de leite em uma panela.
2. Em uma frigideira, coloque o açúcar e deixe dourar até virar um caramelo.
3. Acrescente o creme de leite já quente, aos poucos para obter textura grossa.
4. Misture e deixe o açúcar derreter um pouco. Desligue, acrescente o café expresso e depois coe.
5. Fure o bolo, acrescente a calda e decore com a hortelã. Se preferir com muita calda, dobre as quantidades.

Brandade brasileira de bacalhau

Por Ana Salles

O azeite proporcionou um dos melhores encontros e parcerias de minha vida. Conheci Marcelo por uma amiga, parceira e representante de alimentos e azeite, minha xará Ana Luísa Santos. Foi um encontro de almas, além de parceiros profissionais. Muitos trabalhos compartilhados e uma amizade linda que ultrapassa o oceano.

Na Estilo Gourmet, partilhamos momentos inesquecíveis, receitas e harmonizações incríveis e uma turma de alunos e amigos que vão ficar para a vida. Sinto-me muito honrada por fazer parte deste livro e continuar fazendo parte da trajetória profissional do Marcelo.

RENDIMENTO: 6 PORÇÕES

- 1 kg de lascas de bacalhau dessalgadas
- 200 ml de azeite extravirgem frutado verde médio ou intenso
- 1 kg de mandioca cozida e passada no espremedor
- 250 ml de leite de coco
- 250 ml de creme de leite fresco
- Sal q.b.
- 6 cebolas grandes cortadas em meia-lua
- 1 pote de requeijão cremoso
- 200 g de mistura para gratinar (30 g de salsa e tomilho picados, 100 g de miolo de pão e 70 g de queijo parmesão ralado bem fino)

1. Afervente em água o bacalhau dessalgado e escorra.
2. Em uma frigideira antiaderente, aqueça 100 ml de azeite e doure levemente as lascas de bacalhau. Reserve.
3. Em uma tigela, coloque a mandioca, o leite de coco e 100 ml de creme de leite. Se necessário, acrescente sal e misture bem até obter um creme liso. Reserve.
4. Na mesma frigideira em que dourou as lascas, sem lavar, coloque o restante do azeite e doure a cebola até caramelizar. Reserve.
5. Misture bem o requeijão com o restante do creme de leite. Reserve.

Montagem

1. Em um refratário grande untado com azeite, coloque o creme de mandioca, acomode as lascas de bacalhau e sobre elas espalhe a cebola caramelizada.
2. Cubra com a mistura de requeijão e creme de leite.
3. Polvilhe com a mistura de queijo ralado, ervas e pão, e leve ao forno preaquecido a 200 °C durante 20 minutos ou até gratinar.
4. Sirva em seguida.

Bombom de azeite

RENDIMENTO: 56 PORÇÕES

Manteiga de cacau colorida	Ganache de azeite	Temperagem do chocolate	Pintura da fôrma
• 400 g de manteiga de cacau • 4 g de corante preto em pó • 4 g de corante lipossolúvel branco em pó	• 135 g de chocolate 54,5% • 150 g de creme de leite fresco 35% • 25 g de açúcar invertido • 30 g de azeite extravirgem frutado maduro ou verde leve	• 400 g de chocolate meio amargo	• Manteiga de cacau preta • Manteiga de cacau branca

Manteiga de cacau colorida

1. Derreta a manteiga no micro-ondas ou em banho-maria.
2. Separe dois recipientes com 200 g de manteiga em cada um e adicione os corantes preto e branco para compor as duas cores.
3. Bata com o mixer e deixe a temperatura reduzir a 30 ºC. Reserve.

Ganache de azeite

1. Derreta o chocolate em banho-maria ou no micro-ondas.
2. Em uma panela, aqueça o creme de leite e o açúcar invertido.
3. Adicione essa mistura ainda quente ao chocolate derretido.
4. Bata com o mixer e adicione o azeite em fios para finalizar a ganache.

Temperagem do chocolate

1. Derreta ⅔ do peso do chocolate a 45 °C-50 °C.
2. Acrescente ⅓ do chocolate sem derreter e misture bem.
3. O chocolate deve chegar a 34 °C sem derreter completamente. Caso derreta muito rápido sem reduzir a temperatura, será nècessário acrescentar mais.
4. Continue mexendo o chocolate até ele atingir 31 °C.
5. Mantenha o chocolate em temperatura de trabalho, 30 °C-32 °C.

Pintura da fôrma

1. Limpe a fôrma com álcool de cereais e um pano de algodão.
2. Aqueça as manteigas de cacau a 30 °C.
3. Primeiro pinte as cavidades da fôrma com a tinta branca e deixe secar por 10 minutos em temperatura ambiente. Em seguida, pinte com a tinta preta e leve para secar completamente antes de aplicar o chocolate.

Bombom

1. Em uma fôrma de bombom, faça uma camada de chocolate bem fina e deixe solidificar em temperatura ambiente. Assim que o chocolate endurecer, preencha a cavidade da fôrma com a ganache de azeite até o topo, deixando um espaço para cobrir com o chocolate.
2. Deixe gelar por 2 horas para a ganache endurecer.
3. Para finalizar o bombom, cubra com uma camada de chocolate e use uma espátula para retirar o excesso. Leve por 15 minutos à geladeira para endurecer e, em seguida, desenforme os bombons virando-os sobre uma superfície lisa.

Polpette da família

Por Marcelo Scofano

RENDIMENTO: 8 PORÇÕES

- 12 pães franceses dormidos
- ½ kg de patinho moído
- 5 dentes de alho
- ½ maço de salsinha picada
- 3 colheres (sopa) de parmesão ralado
- 1 colher (chá) de finocchio ou erva-doce
- Sal q.b.
- 500 ml de azeite de oliva ou extravirgem maduro para fritar

1. Molhe o pão e esprema bem para retirar toda a água. Em seguida, misture bem com a carne moída.
2. Passe o alho no espremedor ou pique bem picadinho, pique bem a salsinha e acrescente à mistura o parmesão, o finocchio e o sal. Misturando bem até obter uma massa homogênea.
3. Enrole manualmente os bolinhos e frite por imersão em azeite de oliva bem quente.
4. Deixe escorrer em papel-toalha e sirva como aperitivo.

Doce de abóbora delicioso

Por Ana Pedrosa

A experiência de conhecer, aprender a degustar e reconhecer a antiguidade desse fruto chamado azeitona, que nos oferece esse suco maravilhoso que é o azeite, contribuiu muito para melhorar minha saúde e divulgar seus benefícios.

RENDIMENTO: APROXIMADAMENTE 10 PORÇÕES

- 1 kg de abóbora madura sergipana ou baiana
- 1 ½ l de água filtrada para cobrir a abóbora
- 500 g de açúcar demerara
- 1 haste de canela em pau
- 1 pitada de sal
- 100 g de coco fresco (1 copo de requeijão cheio)
- Azeite extravirgem frutado verde leve ou frutado maduro q.b.

1. Descasque a abóbora, corte em cubos e coloque em uma panela de fundo grosso.
2. Junte a água, o açúcar, a canela e a pitada de sal.
3. Leve ao fogo para ferver. Quando levantar fervura, reduza para fogo brando.
4. Deixe cozinhar lentamente e, quando a calda de açúcar se formar, junte o coco ralado e cozinhe mais um pouco, até obter um doce de calda espessa.
5. Retire do fogo e coloque em um recipiente para esfriar. Finalize com um fio de azeite.
6. Sirva em seguida.

Sorvete de goiaba com chantili de queijo e azeite de manjericão

Por Anete Ferreira

Tive o privilégio de ser aluna do Marcelo Scofano! Um mestre que, ao me apresentar o extraordinário potencial sensorial e nutricional dos azeites extravirgem, ressignificou também o conceito de ingrediente em gastronomia. Isso foi decisivo em minhas escolhas sobre o quê e como cozinhar!

Sorvete

- 200 g de goiabada cascão
- 400 g de purê de goiaba cozida (goiaba vermelha madura, descascada, cozida e peneirada)
- 500 ml de leite integral
- 4 gemas de ovo
- 50 g de açúcar

Chantili de queijo

- 300 ml de creme de leite fresco
- 100 g de creme de ricota
- 1 pitada de sal

Azeite de manjericão

- 1 xícara de folhas de manjericão
- 100 ml de azeite extravirgem maduro

Sorvete

1. Corte a goiabada em cubos pequenos e coloque em uma panela com o purê de goiaba. Leve ao fogo baixo, misturando até que os pedaços de goiabada derretam.
2. Transfira o creme de goiaba para um bowl, cubra com plástico-filme e leve à geladeira para resfriar.
3. Ferva o leite.
4. Bata as gemas com o açúcar até obter um creme espesso e claro.
5. Com um fouet, misture o leite fervido quente e o creme de gemas aos poucos, batendo até obter uma textura homogênea.
6. Coloque a preparação em uma panela e leve ao fogo brando, mexendo sempre. Não deixe ferver.

7. O ponto estará correto quando o creme cobrir as costas da colher e, ao passar o dedo, ficar marcado sem que o creme escorra.
8. Coe o creme de ovos, cubra com plástico-filme diretamente em contato com o creme e leve à geladeira para resfriar.
9. Quando os dois cremes estiverem gelados, misture-os com o fouet até obter uma massa homogênea.
10. Coloque a massa dentro de um saco plástico grande, retire o excesso de ar, amarre bem e deite o saco sobre um tabuleiro. Leve ao freezer por, no mínimo, 3 horas.
11. Tire o creme congelado do saco plástico, quebre grosseiramente e bata na batedeira ou no liquidificador.
12. Coloque a mistura em um pote e leve novamente ao freezer para firmar.

Chantili de queijo

1. Coloque o creme de leite gelado no bowl da batedeira e bata até obter um creme consistente.
2. Misture aos poucos o creme de ricota, batendo na menor rotação da batedeira. Tempere com sal.
3. Transfira para um pote, tampe e reserve na geladeira até o momento de servir.

Azeite de manjericão

1. Corte as folhas de manjericão e dispense os talos. Higienize-as e seque-as.
2. Coloque-as no processador de alimentos e acrescente o azeite. Bata em velocidade alta rapidamente, coe em peneira de arame fino. Conserve o azeite, preferencialmente, em recipiente de vidro tampado na geladeira até o momento de servir.

Montagem

1. Retire o sorvete do freezer e faça uma bola com uma colher própria.
2. Ao lado dela, acrescente uma colherada generosa de chantili e despeje um fio de azeite por cima.
3. Decore com folhas de manjericão e cristais de flor de sal.

Brownie azeitado

Por Silvana Carvalho

Receber Marcelo nos braços da Mantiqueira, berço de um novo e grande manancial do azeite no Brasil, foi a confirmação de que o futuro do azeite brasileiro seria extraordinário.

Tê-lo como parceiro em minha jornada foi um presente do universo e, desse encontro de apaixonados pelo azeite, nasceram jantares harmonizados que se tornaram dias sensoriais inesquecíveis. Esta receita é para levar a você um vislumbre dessa delicada magia azeitada!

RENDIMENTO: APROXIMADAMENTE 10 PORÇÕES

- 150 g de azeite extravirgem frutado verde leve ou maduro
- 80 g de água
- 100 g de conhaque
- 300 g de cacau 50% Nestlé
- 6 ovos de galinhas felizes
- 350 g de açúcar mascavo
- 50 g de castanha-do-pará
- 50 g de castanha-de-caju
- 50 g de nozes
- 50 g de amêndoas laminadas
- 50 g de amendoim
- 1 pitada de sal
- Flor de sal q.b.

1. Agora você vai pesar em um bowl o azeite, a água e o conhaque. Misture com o fouet e acrescente todo o cacau. Mexa até ficar homogêneo e cremoso. Reserve.
2. Com a batedeira, bata os ovos com o açúcar por, aproximadamente, 8 minutos ou até a mistura ficar bem aerada.
3. Misture os ovos batidos com o creme de cacau. Acrescente as nozes, as castanhas, o amendoim e a pitada de sal e mexa levemente.
4. Unte uma fôrma antiaderente com um pouco de azeite e coloque toda a massa.
5. Salpique com um pouco de flor de sal e leve para assar em forno preaquecido a 200 °C por 30 minutos.

Pulos do gato

1. O ponto perfeito de assamento é quando a massa está crocante por fora e ainda cremosa por dentro.
2. Para cortar, deixe esfriar e depois descansar no congelador até ficar firme. Para o corte ficar perfeito, aqueça a faca e limpe a cada corte.
3. Se a mistura dos líquidos com o cacau talhar, basta adicionar seis pedras de gelo e mexer vigorosamente até ela voltar a ficar lisa e cremosa. Depois, retire as pedras de gelo que ainda não derreteram.
4. Sirva o brownie gelado com frutas frescas (morangos, uvas verdes e outras de sua preferência), creme de leite fresco batido e um fio do azeite usado na preparação. Fica indescritivelmente bom!

[REFERÊNCIAS]

Brígida Jimenez

Alba, J.; Molienda, B. *Manual de elaiotecnia*. Española, S.A. Cap.III. Madrid: Editorial Agrícola, 1975.

Alba, J.; Hidalgo, F.; Martínez, F.; Ruíz, Mª. A.; Moyano, Mª. *Impacto ecológico y ambiental originado por el nuevo proceso de elaboración de aceite de oliva*. III. Fórum Internacional del Aceite. SIO´94. Reus, 1994.

Alba, J.; Hidalgo, F.; Martínez, F.; Ruíz, Mª.A.; Moyano, Mª. (1993). *Procesos de elaboración: nuevas técnicas de extracción*. Expoliva´93. Dossier Oleo. 2. 40-59.

Alba, J.; Ruíz, A.; Prieto González, C.; Gutiérrez, F. (1987). *Eficacia de la formulación enzimática "Rohament O" en la tecnología del aceite de oliva*. Composición y valoración organoléptica de los aceites obtenidos. Grasas y Aceites. 38. 5. 271-277.

Aguilera, E; Jiménez, B; Sánchez, A; Beltrán, G. *Filtración de aceite de oliva virgen: momento de aplicación y efecto durante el almacenamiento*. Expoliva 2015. Foro Industria Oleícola, Tecnología y Calidad. Jaén, 2015.

Alvarado, M. *et al*. Triana 2001 olivo. Consejería de Agricultura y Pesca de Andalucía, 2001.

Alvarado, M. *et al. (2008). El cultivo del olivo*. Editores científicos: Barranco, D.; Fernández-Escobar, R.; Rallo, L. Junta de Andalucía-Conserjería de Agricultura y Pesca & Ed. Mundi-Prensa. Madrid, Barcelona, México. 701 pp.

Amirante, R.; Cini, E.; Montel, G.L.; Pasqualone, A. (2001). *Influence of mixing and extraction parameters on virgin olive oil quality*. Grasas y Aceites 52, 198-201.

Aparicio, R.; Morales, M.T.; Alonso, M.V. (1996). *Relationship between volatile compounds and sensory attributes of olive Oils by the sensory wheel*. JAOCS. Vol. 73. nº 10. 1253-1264.

Baldioli, M.; Sevili, M.; Perretti, G.; Montedoro, G.F. (1996). *Antioxidant activity of tocopherols and phenolic compounds of virgin olive Oil*. JAOCS, 73, nº 11. 1589-1593.

Barasona, J.; Barasona, M.L.; Rodríguez, R.; Cano J. *Rendimientos y costes de la mecanización de la aceituna*. Conserjería de Agricultura y Pesca. Junta de Andalucía, 1999.

Barasona, J.; Barasona, M.L. (1997b.) *Recogida mecanizada de la aceituna de suelo*. Laboreo, 2. 100-109.

Barranco, D.; Fernández, R.; Rallo, L. (2008). *El cultivo del olivo*. Madrid: Ediciones Mundi Prensa, S.A. pp 846.

Barranco, D. y Rallo, L. *Las variedades del olivo cultivadas en Andalucía*. Coedicción: Junta de Andalucía. Instituto de Estudios Agrarios, Pesqueros y Alimentarios. Madrid: 1984, 387 pp.

Beltrán, G.; Jiménez, A.; Uceda, M. *Efecto del régimen hídrico del cultivo sobre la fracción fenólica del aceite de oliva, variedad 'Arbequina'*. 1.er Simposium de l´olivera Arbequina a Catalunya. Les Borges Blanques, 1995.

Berra, B. *Biochemaland nutricional aspect of the minor component of olive oil*. Olivae, 1998. 73, 29-30.

Baldioli, M.; Sevili, M.; Perretti, G.; Montedoro, G.F. (1996). *Antioxidant activity of tocopherols and phenolic compounds of virgin olive oil*. JAOCS, 73, nº 11. 1589-1593.

Bianco, A.; Mazzei, R.A.; Melchioni, C.; Romeo, G.; Scarpati, M.L.; Soriero, A.; Uccella, N. (1998). *Microcomponents of olive oil-III*. Glucosides of 2 (3,4 dihydroxyphenil) ethanol. Food. Chem. 63, 461-464.

Boskous D. *Química y tecnología del aceite de oliva*. Madrid: Ed. Mundiprensa, 1999.

Boskous D. (2006). *Sources of natural phenolic antioxidants*. Trends in Fdo Science & Technology. 17 (9): 505-512.

Brenes, M.; García, A.; García, P.; Ríos, J.J.; Garrido, A. (1999). *Phenolic compounds in Spanish olive oils*. J. Am. Food. Chem. 47, 3535-3540.

Carpio, A. y Jiménez, B. (1993). *Características organolépticas y análisis sensorial del aceite de oliva*. Apuntes 10/93. Junta de Andalucía. Conserjería de Agricultura y Pesca. Sevilla. 74 pp.

Catalano, P.; Caponio, F. (1996). *Machines for olive paste preparation producing quality virgin olive oil*. Fett Lipid. 98, 408-412.

Civantos, L. (2009). *Algunas contribuciones de olivicultura y elaiotecnia desde la perspectiva de la experiencia*. La maduración de las aceitunas. Capitulo 6, 121-136 Editores GEA Westfalia Separator.

Civantos, M.; Sánchez, M. (1994). *Plagas del olivo*. Fundación la Caixa.

Civantos, M. (1999). *Control de plagas y enfermedades del olivar*. Consejo Oleicola Internacional.

Consejo Oleícola Internacional. (2018). COI/t.20/Doc. n.º 15/Rev.10. *Valoración organoléptica del aceite de oliva virgen*.

Consejo Oleícola Internacional. (2007). COI/t.20/Doc. nº 4/Rev.1. *Análisis sensorial: vocabulario general básico*.

Consejo Oleícola Internacional. (2021). COI/t.20/Doc. nº 14/Rev.7. *Guía para la selección, el entrenamiento y el control de los catadores cualificados de aceite de oliva virgen*.

Dabbous, S.; Selvagini, R.; Urbani, S; Taticchi, A.; Servilli, M.; Harmani, M. *Comparison of the chemical composition and the organoleptic profile of virgin olive oil from two wild and two cultivated Tunisian Olea europaea*. Chem Biodivers. 2011 Jan; 8(1):189-202.

Dabbou, S.; Gharbi, I.; Dabbou, S.; Brahmi, F.; Nakbi, A.; Hammami, M., (2011). *Impact of packaging material and storage time on olive oil quality*. African Journal of Biotechnology, 10(74), 16937-16947.

Di Giovacchino L.; Constantini, N.; Ferrante, M.; Serraiocco, A. (2002). *Influence of malaxation time of oil paste on oil extraction yields and chenical and organoleptic characteristics of virgin olive oil obtained by a centifugal decanter at water saving*. Grasas y aceites. 53: 179-186.

Di Giovacchino L. (1999). *Seminario internacional sobre innovaciones científicas y su aplicación en la olivicultura y la elaiotecnia. Tecnología de elaboración del aceite de oliva. Operaciones preliminares y preparación de la pasta*. Florencia. 36 pp.

Dugan, L.R. (1961). *Development and inhibition of oxidative rancidity of foods*. Food Thechnol. 15. 10.

Espinosa Lozano, F. (2000). *Centrifugación de la pasta de la aceituna para la obtención de aceite de oliva virgen*. Alimentación Equipos y Tecnologías, 51-56.

Fedeli, E. (1997). *Lipids of olives*. Prog. Chem. Other Lipids. 1977; 15(1):57-74.

Fedeli, E.; Jacini, G. (1971). *Lipids composition of vegetable oils*. Advances in Lipids Res. 9:335-82.

Forcadell, M.L; Comas, M; Miquel, X.; de la Torre, M.C. (1987). *Determination du tyrosol et de l´hydroxy-tyrosol dans des huiles vierges d´olive*. Revue Fr. Corps Gras. 34. 547-549.

Gambacorta, G., Del Nobile, M.A.; Tamagnone, P.; Leonardi, M.; Faccia, M.; La Notte, E. (2004). *Shelf-life of extra virgin olive oil stored in packages with different oxygen barrier properties*. Ital. J. Food Sci., 4 (16), 417-428.

García, A.; Brenes, M.; Moyano, M.J.; Alba, J.; García, P.; Garrido. A. (2001). *Improvement of phenolic compound content in olive oil by using enzymes during malaxation*. J. Food Eng. 48, 189-194.

Garrido Delgado, R.; Dobao Prieto, M.; Arce, L.; Aguilar, J.; Cumplido, J.L.; Valcárcel, M. (2014). *Estudio de la estabilidad del aceite de oliva virgen extra según el tipo de envase y condiciones de almacenamiento*. XVI reunión del Grupo Regional Andaluz de la Sociedad Española de Química Analítica.

Gil-Rives, J.; Lopez-Jiménez, J. (2008). *El cultivo del olivo*. Editores científicos: Barranco, D.; Fernández-Escobar, R.; Rallo, L. Junta de Andalucía-Conserjería de Agricultura y Pesca & Ed. Mundi-Prensa. Madrid, Barcelona, México.

Gil, J.; Blanco, J.L; Castro, S.; Aguera, J.; Barasona, J.; Barasona, M.L.; Kouraba, K.; Jiménez, B.; Zamorano, F. (2005). *Optimización de la recolección mecanizada de la aceituna desde el punto de vista de la calidad del aceite y del daño al olivo*. XIII Simposium Internacional. Jaén.

Gomez-Rico, A.; Fregapane, G.; Salvador, M.D. (2008). *Effect of cultivar and ripenig on minor components in Spanish olive fruits and their corresponding virgen olive*. Food Research Internacional. Volume 41, Issue 4. Pages 433-440.

Gomes, T.; Caponio, F.; Delcuratolo, D.; Bilancia, M.T. 2002. *La classi di sostanze di ossidazione, polimerizzazione ed idrolisi dell'olio di oliva*. Loro impiego nell'accertamiento di qualità. Riv. Ital. Sost. Grasse 79, 211-214.

Guil Guerrero, J.L.; Urda Romacho, J. (2009). *Quality of extra virgin olive oil affected by several packaging variables*. Grasas y Aceites, 60 (2), 125-133.

Gutiérrez, F.R.; Herrera, C.G.; Gutiérrez, G.Q. (1988). *Estudio de la cinética de evolución de los índices de calidad del aceite de olica virgen durante su conservación en envases comerciales*. Grasas y Aceites, 39, 245-253.

Hermoso, M.; Uceda, M; A. García-Ortiz, A. Morales, J.; Frias, L.; Fernández, A. (1991). *Elaboración de aceite de oliva de calidad*. Colección: Apuntes, nº 5/91. Dirección General de Investigación, Tecnología y Formación Agroalimentaria y Pesquera. Consejería de Agricultura y Pesca de la Junta de Andalucía. Sevilla.

Hermoso, M.; González, J.; Uceda, M.; García-Ortiz, A.; Morales, J.; Frias, L.; Fernández, A. (1994). *Elaboración de aceite de oliva de calidad*. Obtención por el sistema de dos fases. Colección: Apuntes, nº 11/94. Dirección General de Investigación, Tecnología y Formación Agroalimentaria y Pesquera. Consejería de Agricultura y Pesca de la Junta de Andalucía. Sevilla.

Humanes, J.; Civantos, M. (1992). *Producción de aceites de oliva de calidad*. Apuntes para cursos 21/92. Junta de Andalucía. Conserjería de Agricultura y Pesca. Sevilla 101 pp.

Jiménez, B. y Carpio A. (2008). *La cata de aceites*. Instituto de Investigación y Formación Agraria y Pesquera. Consejeria de Agricultura y Pesca. Junta de Andalucia. pp.145. Cordoba.

Jiménez, B.; García, B.E.; Valladares, J; Rodríguez, S.; Morales, J.; López, F. (1999). *Informe sobre el Proyecto de Concertación para la Mejora de la Calidad del Aceite de Oliva en las Comarcas de la Sierra y Valle de los Pedroches, Campiña y Penibética de la Provincia de Córdoba*.

Jiménez, B.; García, F.; Francisco L.; Molina, J.L; Ruiz, F.; Cano, J.; Pérez, J. (2002); *Recolección mecanizada del oliva viceconsejería*. Consejería de Agricultura y Pesca. Junta de Andalucía.

Jiménez, B.; Ramírez P.; Pérez, J.; Cano, J.; Rubio, A. (2004). *Caracterización de la calidad del aceite de oliva virgen producido en Adamuz*. Revista nº 39. Mercacei p. 64-70 may/jul 2004.

Jiménez, B.; Sánchez-Ortiz, A.; Lorenzo, M.L.; Rivas, A. *Influence of fruit ripening on agronomic parameters, qualityindices, sensory attributes and phenolic compounds of Picudo olive oils*. Food Res. Int. 2013, 54, 1860-1867.

Jiménez, B.; Camacho, F.; Martin, A. Mª; Callejón, R. Mª *Seguimiento y evolución de los parámetros agronómicos y de calidad de los aceites obtenidos en las variedades Picual y Hojiblanca em cultivo secano y riego*. Expoliva 2015. Foro Industria Oleícola, Tecnología y Calidad. Jaén, 2015.

Jiménez, B.; Sánchez-Ortiz, A.; Lorenzo, M.L.; Rivas, A. 2015. *Effect of agronomical practices on the nutritional quality of virgen olive oil at different ripening stages*. J Am Chemi Soci 92: 1491-1501.

Jiménez, B.; Sánchez-Ortiz, A.; Lorenzo, M.L.; Rivas, A. 2014. *Influence of the malaxation time and olive ripening stage on the physicochemical and nutritional characteristics of virgin olive oils*. International Journal of Food Science and Technology, 49 (11): 1365-2621.

Jiménez, B.; Sánchez-Ortiz, A.; Lorenzo, M.L.; Rivas, A. 2014. *Effect of organic cultivation on physicochemical characteristics and nutritional quality of virgin olive oil*. European Journal of Lipid Science and Technology. 116 (12): 1438-9312.

Jiménez, B.; Callejon, R.; Sánchez-Ortiz, A.; Ortega, E.; Lorenzo, M.L.; Rivas, A. 2014. *Agronomic parameters, quality indices, and sensory attributes of virgin olive oils from Hojiblanca and Picudo varieties from three successives crop years*. European Journal of Lipid Science and Technology. 116, 1647-1653.

Rivas, A.; Jiménez, B.; Sánchez-Ortiz, A.; García-Moyano, J. y Lorenzo, M.L. 2013. *Phenolic acid content and sensory properties of two Spanish monovarietal virgin olive oils*. Eur. J. Lipid Sci. 115: 621-630.

Jiménez, B; Úbeda, M. *Influencia del proceso de maduración del fruto sobre las características organolépticas del aceite de oliva virgen de las variedades Hojiblanca y Picudo*. 2º Congreso Internacional de Análisis Sensorial del Aceite de Oliva Virgen. Priego de Córdoba (Córdoba), 2012.

Jiménez, B.; Rivas, A.; Sánchez-Ortiz, A. [et al.]. 2012. *Influencia del proceso de maduración del fruto en la calidad sensorial de aceites de oliva virgen de las variedades Picual, Hojiblanca y Picudo*. Grasas y Aceites (Sevilla). 63 (4):403-410.

Jiménez, B.; Úbeda, M.; García, J. de D.; Rivas, A; Ocaña, P; Mariscal, M; Olea, F; Lorenzo, Mª. *Influencia del proceso de maduración del fruto sobre las características organolépticas del aceite de oliva virgen de la variedad Picual*. L. XV Simposium Científico-Técnico. Expoliva 2011. Foro Industria Oleicola, Tecnología y Calidad. Jaén 2011.

Jiménez, B.; Úbeda, M.; Fiestas, M.; Benhammou. S.; Pardo, I.; Ortega, E. *Influencia del proceso de maduración del fruto sobre parámetros agronómicos y de calidad del aceite de oliva virgen de la variedad Picual*. XV Simposium Científico-Técnico. Expoliva 2011. Foro Industria Oleicola, Tecnología y Calidad. Jaén, 2011.

Kalua, C.; Allen, M.; Bedgood, B.; Bishop, J.; Prenzler, P.; Robards, K. (2007). *Olive oil olatile compounds, flavour development and quality: a critical review food chemistry* 100(1): 273-286.

Kalua, C.M.; Bedgood, Dr. Jr.; Bipshop A.G.; Prenzler PD. (2008). *Changes in virgen olive oil quality during low-temperature fruit storage*. Journal of Agricultural& Food Chemistry. 56 (7) : 2415-22.

Kiritsakis, A. (1992). *El aceite de oliva*. Ed. A. Madrid Vicente Ediciones. Madrid.

Kiritsakis, A. (1998). *Flavors components of olive oil-A review*. JAOCS.75:673,678.

Kiritsakis, A.; Osman, M. (1995). *Efectos del beta-caroteno y del alfa-tocoferol en la estabilidad fotooxidativa del aceite de oliva*. Olivae, 56, 25-28.

Leonardis, E.; Macciola, V.; Felice. V. (1998). *Rapid determination of squalene in virgen olive oil using gas-liquid chromatography*. Ital. J. Food. Sci. 1075-79.

Lave, S.; Wodner, M. (1991). *Factors affecting the nature of oil accumulation in fruit of olive (Olea europaea) cultivars*. J. Hort. Sci., 66:583-591.

Mataix, F.J.; Martínez, E. (1988). *El aceite de oliva*. Bases para el Futuro. Junta de Andalucía. Conserjería de Agricultura y Pesca. 127 pp. Sevilla.

Mataix, F.J. *et al.* (2001). *Aceite de oliva virgen*. Nuestro Patrimonio Alimentario. Universidad de Granada. Puleva food.

Méndez, A.I.; Falqué, E. (2007). *Effect of storage time and container type on the quality of extra virgin olive oil*. Food Control, 18, 521-529.

Mesa, J.A.G.; Linares, P.; Luque, M.D.; Valcárcel, M. (1990). *Direct automatic determination of the polyphenols in olive Olis in aqueous phase of a flow-inyection liquid-liquid extraction system without phase separation*. Anal. Chim. Acta. 235. 441-444.

Molina de la Rosa, J.L.; Jiménez, B.; Ruiz, F.; García, F.; López, F.; del Olmo, L.A.;. Cano, J.; (2010). *Agronomía y poda del olivar*. Consejeria de Agricultura y Pesca. Junta de Andalucía. 67 pp. Sevilla.

Molina de la Rosa, J.L.; Jiménez, B.; Ruiz, F.; García, F.; López, F.; del Olmo, L.A.; Cano, J.; (1999). *Control sanitario del olivar*. Dirección General de Investigación y Formación Agraria. Consejería de Agricultura y Pesca. Junta de Andalucía. Molina de la Rosa, J.L.; Cano, J.; García, F.; Jiménez, B.; López, F.; del Olmo, L.A.; Ruiz, F. (1998). Suelo y Nutrición del Olivar. Dirección General de Investigación de Agricultura y Pesca. Junta de Andalucía.

Montedoro, G.F.; Serveli, M.; Baldioli, M.; Selvaggini, R.; Miniati, E.; Macchioni, A. (1993). *Simple and hidrolyzable phenolic compounds in virgin olive olive oil*. 3. Spectroscopic characterization of the secoiriodoid derivatives. J. Agric. Food. Chem. 41. 2228-2234.

Olias, J.M.; Pérez, A.G; Ríos J.J; Sanz, L. (1993). *Aroma of virgin olive oil: biogenesis of the green odor notes*. J. Agric. Food. Chem. 41, 2368-2373.

Papadopoulos, G.; Boskou, D. (1991). *Antioxidant effect of natural phenols on olive oil*. JAOCS. 68, 669-671.

Papadopoulos, G.; Tsimidou, M.; Boskou, D. (1993). *Stability of virgin olive, assessment of natural antioxidants and other related factors*. Dev. Food Sci. 32, 321-326.

Perment, L. (1992). *Le composes mineurs et les antioxygenes naturals de l´olive et de son huile*. Corps gras 39: 25-30.

Pristouri, G.; Badeka, A.; Kontominas, M.G. (2010). *Effect of packaging material headspace, oxygen and light transmission, temperature and storage time on quality characteristics of extra virgin olive oil*. Food Control. 21, 412-418.

Psomiadou, E.; Tsimidou, M.; Boskou, D. (2000). *Alfa-tocopherol*. Content of Greek Virgin Olive Oils. J. Agric. FoodChem. 48, 1770-1775.

Rahamani, M. (1989a). *Puntualización sobre la función de los pigmentos clorofílicos en la fotooxidación del aceite de oliva virgen*. Olivae, 26, 30-33 (1989).

Rahmani, M. (1989b). *Review of the role of chlorophill pigments in the photooxidation of olive oil*. J. Am. Food. Olivae. 6. 30. (1989).

Ranalli, A. (1992). *Carotenoids in virgen olive oil*. Effect of tecnology. Ital J. Food. Science. 1: 53-55.

Rawls, H.R. y Van Santen, P.J. (1970). *A possible role for singlet oxygen in the initiation of fatty acid autooxidation*. J. Am. Oil .Chem. Soc. 47. 121.

Reglamento Delegado (UE) 2022/2104 de 29 de julio de 2022, por el que se completa el Reglamento (UE) n.º 1308/2013 del Parlamento Europeo y el Consejo, en loque respecta a las normas de comercialización del aceite de oliva, y por el que se derogan el Reglamento (CEE) n.º 2568/91 de la Comisión y el Reglamento de Ejecución (UE) 29/2012 de la Comisión

Reglamento de Ejecucción (UE) n.º 2022/2105 de la comisión, de 29 de julio del 2022 por el que se establecen las normas relativas a los controles de conformidad de las normas de comercialización del aceite de oliva y a los métodos de análisis de las características del aceite de oliva.

Rivas Velasco, A.M.; Sánchez-Ortiz, A.; Lorenzo Tovar, M.L.; Callejón, R.M.; Jiménez-Herrera, B.; Úbeda Muñoz. *Influencia del riego sobre las características organolépticas y el contenido de compuestos fenólicos del aceite de oliva virgen*. Centro Internacional de Excelencia para Aceite de Oliva-GEA Westfalia Separator Ibérica, S.A. pp. 13-42. Año 2013

Rivas, A.; Jiménez, B.; Sánchez-Ortiz, A.; García-Moyano, J. y Lorenzo, M.L. 2013. *Phenolic acid content and sensory properties of two Spanish monovarietal virgin olive oils*. Eur. J. Lipid Sci. 115: 621-630.

Salas, J; Pastor, M; Castro, J; Vega, V. (1997). *Influencia del riego sobre la composición y características organolépticas del aceite de oliva*. Grasas y Aceites, 48 (2), 74-75.

Serrano, A.; Gabriel, G.; Bejaoui, M.; García, F.; Jiménez, B. *Estimación de la vida útil de un aceite de oliva virgen extra de enlace de campaña*. Efecto del tipo de envase; Expoliva 2017. Foro Industria Oleicola, Tecnología y Calidad. Jaén, 2017.

Solinas, M.; Marsilio, V.; Angerosa, F. (1987). *Behaviour of some components of virgin olive oil flavour in connection with the ripening of olives*. Riv. Ital. Sost. Grasse 64. 475-480.

Terao, J.; Yamaguchi, R.; Murakami, H.; Matsushita, S. (1980). *Inhibitory effects of tocopherols and β-carotene on singlet oxygen initiated photooxidation of methyl linoleate and soybean oil*. J. Food. Process. Ann Preser. 4, 79.

Tinajero, V. (Reimpreso en 1879). Lucio Junio Moderato Columela. *Los doce libros de agricultura*. Madrid. (Paladio. C.).

Tous, J.; Romero, A. (2001). *Evolución sensorial de las variedades del olivo*. Fruticultura Profesional 2001; 120 (especial Olivicultura III): 9-11.

Trapero, A.; Blanco, M.A. (2008). *El cultivo del olivo*. Editores científicos: Barranco, D.; Fernández-Escobar, R.; Rallo, L. Junta de Andalucía. Conserjería de Agricultura y Pesca & Ed. Mundi-Prensa. Madrid, Barcelona, México.

Uceda, M. y Hermoso, M. (2008). *El cultivo del olivo*. Editores científicos: Barranco, D.; Fernández-Escobar, R.; Rallo, L. Junta de Andalucía. Conserjería de Agricultura y Pesca & Ed. Mundi-Prensa. Madrid, Barcelona, México.

Vacca, V.; Del Caro, A.; Poiana, M.; Piga, A. (2006). *Effect of storage period and exposure conditions on the quality of Bosana extra virgin olive oil*. Journal of Food Quality, 29, 139-150.

Vallesquino, P.; Puentes, A.J.; Puentes, J.G.; Vergillos, M.; Sánchez, R.; Jiménez B. *Influencia del lavado de frutos sobre determinados parámetros de calidad de un aceite de oliva virgen extra ecológico*. Expoliva 2015. Foro Industria Oleicola, Tecnología y Calidad. Jaén, 2015.

Vázquez Roncero, A.; Janer del Valle, C. y Janer del Valle, Mº.L. (1973) *Determinación de los polifenoles totales del aceite de oliva*. Grasas y Aceites. 24, 350-357.

Vázquez Roncero, A. (1980) *Study of the polar compounds in olive oil by gas chromatography*. Grasas y Aceites. 31. 309. (1980).

Viola, P. (1997). *El aceite de oliva y la salud*. Consejo Oleico Internacional.

Viola, P.; Wells, W. (1997). Alignment by maximization of mutual information. *International Journal of Computer Vision*, 24(2):137-154.

Walmer, K.; Frankel, E.N. (1987). *Effects of β-carotene on light stability of soybean oil*. JAOCS, 64, 213.

Marcelo Scofano

Bauza, Monica; Araniti, Veronica. *Aceite de oliva virgen: conocerlo, desearlo, venerarlo*. Universidade Nacional de Cuyo, 2021.

Bella, João Antonio Dalla. *Memórias e observações sobre o modo de aperfeiçoar a manufactura do azeite de oliveira em Portugal*. Academia Real de Ciências, 1784.

Bohm, Jorge. *O grande livro da oliveira e do azeite Portugal oleícola*. Dinalivro, 2013.

Bumachar, Luis Alberto Kouri. *El olivo en el Perú, una especie milenaria con auspicioso futuro*. Peruolivo, 2015.

Coutinho, Enilton Fick [*et al*.] *Oliveira: aspectos técnicos e cultivo no Sul do Brasil*. Embrapa, 2015.

De Oliveira, Adelson Francisco. *Oliveira no Brasil: tecnologias de produção*. Epamig, 2012.

Diaz, Maria Jesús [*et al.*]. *Atlas ilustrado del aceite de oliva*. Susaeta Ediciones, 2010.

Epifani, Massimo. *La via dell'olio: viaggio intorno all'olio alla scoperta di una sua nuova identitá*. Alinari, 2005.

Flores, Gianfranco Vargas. *El cultivo del olivo en el Perú*. Patrimônio Cultural Americano – Universidade San Martin de Porres, 2017.

Gomes, Pimentel. *A olivicultura no Brasil*. Edições Melhoramentos, 1959.

Nepomuceno Rosa. *Um fio de azeite*. Editora Senac Rio/Casa da Palabra, 2009.

Pereira, Jorge; Villar Juan. *A olivicultura internacional*. Difusão histórica, análise estratégica e visão descritiva. Fundação Caja Rural de Jaén, 2019.

Percurssi, Luciano. *Azeite: história, produtores, receitas*. Editora Senac SP, 2006.

Speranza, Rossella. *Olio di oliva: ragione e sentimento*. Congedo Editore, 2008.

Uceda, Marino [et al.]. *Manual de cata y maridaje del aceite de oliva*. Almuzara, 2010.

Zuccardi, Miguel. *Oliva*. Editora Catapulta, 2019.

Sites consultados

https://www.haaretz.com/archaeology/2014-12-17/ty-article/.premium/8-000-year-old-olive-oil-found-in-galilee/0000017f-e09f-d7b2-a77f-e39fbbbd0000. Acessado em: 14 fev. 2023.

https://www.enac.es/analisis_sensorial_aceite_oliva. Acessado em: 16 fev. 2023.

https://www.embrapa.br. Acessado em: 15 fev. 2023.

https://www.europapress.es/andalucia/noticia-priego-cordoba-acoge-27-28-noviembre-ii-congreso-internacional-analisis-sensorial-aceite-oliva-20121111105627.html. Acessado em: 18 fev. 2023.

https://www.osazeitesdaespanha.com. Acessado em: 19 fev. 2023.

https://observabaia.ufba.br/santissimo-sacramento-1668/. Acessado em: 20 fev. 2023.

http://www.naufragios.com.br/sacramento.htm. Acessado em: 20 fev. 2023.

https://www.cervantesvirtual.com/obra-visor/entre-el-peru-y-chile-la-cuestion-de-tacna-y-arica/html/ff385c92-82b1-11df-acc7-002185ce6064_2.html. Acessado em: 22 fev. 2023.

https://quran.com/pt/23. Acessado em: 22 fev. 2023.

https://elcomercio.pe/luces/libros/historia-olivo-planto-san-martin-porres-sigue-pie-olivar-noticia-458441-noticia/?ref=ecr. Acessado em: 19 fev. 2023.

https://repositorio.ul.pt/handle/10451/52148. Acessado em: 20 fev. 2023.

https://wp.ufpel.edu.br/sociologiasmarginais/files/2020/10/Genesis-capitulo-1-a-9.pdf. Acessado em: 20 fev. 2023.

https://www.internationaloliveoil.org/what-we-do/chemistry-standardisation-unit/standards-and-methods/. Acessado em: 26 fev. 2023.

https://www.gov.br/saude/pt-br/assuntos/saude-brasil/publicacoes-para-promocao-a-saude/guia_alimentar_populacao_brasileira_2ed.pdf/view. Acessado em: 15 fev. 2023.

https://www.mapa.gob.es/es/agricultura/temas/producciones-agricolas/aceite-oliva-y-aceituna-mesa/aceite.aspx. Acessado em: 26 fev. 2023.

https://www.epamig.br/blog/2023/03/01/primeira-extracao-de-azeite-extravirgem-no-brasil-completa-15-anos/. Acessado em: 10 mar. 2023.

https://www.epamig.br/blog/category/azeitona-e-azeite/. Acessado em: 12 mar. de 2023.

https://revistadafruta.com.br/noticias-do-pomar/numero-de-lagares-no-rs-deve-aumentar-de-11-para-17-em-2023,426544.jhtml. Acessado em: 6 abr. 2023.

https://incaper.es.gov.br/Not%C3%ADcia/espirito-santo-tera-primeiro-azeite-produzido-em-terras-capixabas. Acessado em: 15 abr. 2023.

https://balancosocial.apta.sp.gov.br/artigos/agro-mais-produtivo-e-diversificado/producao-paulista-de-azeites-extravirgem-avanca-alicercada-em-ciencia/. Acessado em: 10 mai. 2023.

https://www.agricultura.sp.gov.br/pt/b/evento-de-oliveira-em-campinas-ressalta-producao-paulista-de-azeite. Acessado em: 15 mai. 2023.

A Editora Senac Rio publica livros nas áreas de Beleza
e Estética, Ciências Humanas, Comunicação e Artes,
Desenvolvimento Social, Design e Arquitetura, Educação,
Gastronomia e Enologia, Gestão e Negócios, Informática,
Meio Ambiente, Moda, Saúde, Turismo e Hotelaria.

Visite o site www.rj.senac.br/editora,
escolha os títulos de sua preferência e boa leitura.

Fique atento aos nossos próximos lançamentos!
À venda nas melhores livrarias do país.

Editora Senac Rio
Tel.: (21) 2018-9020 Ramal: 8516 (Comercial)
comercial.editora@rj.senac.br
Fale conosco: faleconosco@rj.senac.br

Este livro foi composto nas tipografias Expo Sans Pro e Bagerich,
e impresso pela Imos Gráfica e Editora Ltda.,
em papel *couché matte* 150 g/m^2,
para a Editora Senac Rio, em agosto de 2023.